赖氏家群的传承故事

汤湖之歌

福建省炎黄文化研究会
福建省作家协会　　　　　编
龙岩市永定区汤湖叔颖文化传播有限公司

海峡出版发行集团 | 海峡文艺出版社

《汤湖之歌》编委会

主　　任：阮诗玮　陈荣春

副 主 任：马照南　林思翔　杨少衡

编　　委：（以姓氏笔画为序）

马照南　王晓岳　朱谷忠　阮诗玮　杨少衡

张锦才　陈本育　陈荣春　陈慧瑛　沈庆城

林　滨　林秀美　林思翔　唐　颐　黄　燕

黄文山　黄敬林　游炎灿　赖红文　赖添夫

赖万安　赖衍举　赖文荣　赖奕永　赖荣胜

赖友玉　赖伟举

执行编审：黄敬林　黄　燕

▌赖氏家庙

▌弘扬汤湖赖氏文化石碑

▌汤湖——中央苏区第一个共青团支部诞生地

▌汤湖村全景

▌汤湖——世界赖氏重要发祥地

▌汤湖赖氏始祖赖朝美

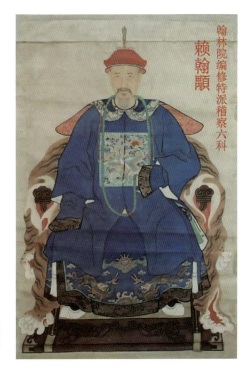

翰林院编修特派
稽察六科赖翰颙

汤湖石拱桥（狮象桥）

赖氏家庙

团旗在汤湖高高擎起

1926年10月，闽西第一个共青团支部在汤湖成立，赖际发当选书记，这是福建省第一个农村共青团支部，也是后来中央苏区第一个共青团支部。共青团汤湖支部高擎团旗，积极组织青年开展阅读进步书刊、对唱革命山歌、上文化夜校、加入农民协会、参军参战等革命活动。在共青团汤湖支部的影响带动下，其他地方也相继建立共青团组织，有力地配合党组织开展革命运动，在中国共青团史上留下了光辉的一页。

中共龙岩市永定区委党史研究室

2018年5月

■ 团旗在汤湖高高擎起

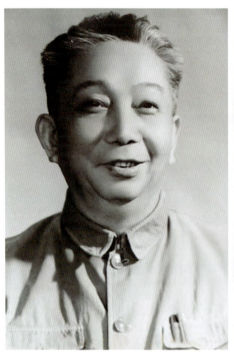

▌ 新中国首任建材工业部长赖际发　　▌ 赖维纪

▌ 赖维周　　▌ 苏区时期肖劲光的警卫员赖日先

◎黄　燕

全力打造汤湖"赖氏精神家园"（代序）
——龙岩市永定区文旅局四级调研员赖红文访谈

　　要逮住忙得团团转的赖红文采访可真是难！且不说本次汤湖采风活动前期的策划、联络、组织等需要劳心劳力统筹安排，落地后四五十人的采风团的吃住行他也要事事操心，更要应对作家们关于汤湖、关于赖氏的各式各样没完没了的提问。打开此行采风团微信群，发现赖红文就是小型的"百度百科"——有问必答，言之有物，包罗万象。

　　看得出，赖红文对于家乡汤湖，这个充满革命传奇、保留了中国传统文化精髓、具有纯正客家风味的小山村，有着深深的眷恋和责任感。这块丰沃的水土养育了他，这里钟灵毓秀的灿烂文化滋润着他。所以，说汤湖，道赖氏，不管人文还是地理，他都如数家珍，满心自豪；所以，他牵头策划实施汤湖赖氏文化综合开发项目以及创建福建省炎黄文化传习基地，打造乡村振兴和姓氏文化品牌，才那么热情饱满，倾力投入。

美好初衷

　　说起汤湖赖氏文化综合开发项目策划的初衷，赖红文滔滔不绝地打开了话匣子。

　　悠悠汤湖，苍苍赖氏。汤湖自有人居住以来其历史经初考距今已超过千年，其中赖氏迁居此地的历史800年，也许更早、更久。世事沧桑，沧海桑田，赖氏自六郎公以下繁衍出的族人超过百万之众，其中汤湖赖氏开基祖朝美公的后裔就达80多万，以汤湖为圆心爆发式的开枝散叶至闽、粤、赣、浙、川、渝、湘、鄂、桂、滇、黔、琼、皖、苏、台、港、澳以及世界各地等。汤湖赖氏从历史走来，在岁月中奔腾，绽放出璀璨的生命之光。那些栉风沐雨、筚路蓝缕的赖氏族人，无论何时、无论何地，都把"汤湖"二字深深地烙在了心里、梦里、血脉里，无法割舍、魂牵梦萦。

从赖红文的讲述中，我知道了这支源自西周文王第十九子叔颖嫡传，天潢贵胄，有着3000多年的文化传承，至今根深蒂固地影响着赖氏族人。赖氏文化是中华传统文化的组成部分，是基于中华姓氏文化的瑰宝。敬天敬地敬祖宗，是中国人骨子里的精神信仰。"认祖归宗"，慎终追远，是中华民族的传统美德，是中华儿女对先祖的感恩、对生命的歌颂、对美好生活的追求，有着深厚的民族情结和宗族道义。人们执着于此，无论走到哪里，身处何方，都会追根溯源，我是谁？我从哪里来？祖先是谁？姓氏起源于哪里？家族事迹有哪些？优秀名人有多少？……越来越多的人想寻找这些答案，赖氏族人也不例外。

赖红文告诉我，世界赖氏族群达300万之众，其中近一半自汤湖播迁。作为六郎公后裔的发祥地，汤湖村曾被赖氏宗亲联谊总会、古赖国文化研究院认定为世界赖氏重要发祥地。然而，受限于时局、受限于交通、受限于通讯、受限于经济、受限于原家庙的破旧狭小、受限于弘扬赖氏文化意识，曾经一度，汤湖赖氏文化兴衰流变、几近停滞。幸而，走南闯北的赖氏游子们，萦绕心头的乡愁丝毫不减，依然时时刻刻牵挂着祖地，从未消停。汤湖，离河南祖地很远，但离赖氏很近，世世代代的赖氏族人都把对祖地的思念和情感深深地埋藏在心里。

"仓廪实而知礼节"。如今，富裕起来的、有家国情怀的大批赖氏族人，不远千里、不辞劳苦，不断奔赴汤湖祖地，齐聚一堂，共祭祖先，并逐步形成了正月祭祖的惯例。每年来汤湖寻根谒祖、祭拜祖宗的赖氏族人早已超过2万人。这让赖红文倍感欣慰！为了让同宗同姓的族人凝聚在一起，追溯自己的生命之源，回归自己的精神家园，同时把优良的文化传承下去，赖红文和他的团队经过反复思考、反复讨论，策划了汤湖赖氏文化开发这一项目，申报创建福建省第一个炎黄文化传习基地，并纳入永定文旅产业的组成部分，把碎片化、零散化、间断化、平庸化的赖氏文化综合、提升、精炼。赖红文认为，汤湖赖氏综合文化开发项目，不能只是简单地进行祠堂、墓园、戏台、大楼等硬件建设，而应该将汤湖赖氏文化综合开发文化提高到中华传统文化工程建设的层面——

在文化认知上，要将其当作中华文明源之一、中华根脉之一；在建设上，要将其当作一项全球赖氏族人的大事业来对待，塑赖族魂、筑赖氏根，树立爱党、爱国、爱中华民族的坚定信念；在影响上，要将其当作南方乃至整个赖氏的文化工程来对待，好好把赖氏总会确定的古赖国文化园、汤湖赖氏家庙、珠玑巷赖氏宗祠、宁都仲方公文化园等四大工程建设好；在运作上，要提高到政府层面上策划生成一个文化项目来进行合法合规运作，在政府发改部门备案立项、文化旅游部门引进、招商部门签约、乡村两级配合，并注册项目公司，成立由各种人员构成的"汤湖赖氏文化综合开发项目领导小组"来统领工作……侃侃而谈的赖红文，话里话外，都透露其深厚的家国情怀和超强能力。

七大战略

赖红文说，要充分挖掘赖氏文化的生产力，必须实施弘扬赖氏精神、凝聚赖氏族人力量、让赖氏文化崛起、做和谐社会示范、打造软实力、提升姓氏文化品牌、做强寻根问祖文化旅游龙头等七大战略。其中，弘扬赖氏精神是基础，赖氏族人凝聚战略和赖氏文化崛起战略是主体，和谐社会示范战略、软实力打造战略、现代文化品牌战略是支撑，寻根问祖文化旅游战略是龙头。

一、汤湖赖氏精神弘扬战略

赖氏精神是赖氏文化的核心，是赖氏族人以自主、自强、自立于世界姓氏之林的根本。什么是赖氏精神？赖红文根据赖氏的历史渊源、迁徙进程、奋发图强、文化交融等因素，总结了以下三点。

一是族亲团结、共同发展的统一精神。公元前538年赖国被灭，族人被屠，不屈的赖国子民以国为姓，从此在中华大地上出现了赖姓，族人们共同尊赖国开国国君叔颖公为赖氏始祖，自此每个赖氏儿女都自豪地称自己是"叔颖公的传人"，强调族亲一家，为此赖氏家训里也提到"孝父母，父母吾身之本，少而鞠育，长而教训，恩如天地，不孝父母是得罪天地"。凡我族人切不可失养失敬，以乖天伦；和兄弟，兄弟吾身之依，生则同胞，住则同巢；诞生在不平凡岁月里的赖姓，注定也是不平凡的，族人们自信地呐喊出："我姓赖，我骄傲！"的自信，从此就有了情怀基础和精神支柱。自仲方公"筑室雪竹坪"之后，又有了赖氏是客家第一姓的美誉，仲方公也被广泛认为是客家先祖，其同时还是宁都开埠第一人。

二是天下赖氏一家亲的和谐精神。和谐精神不仅包括人与人、人与社会之间的和谐，也包含了人与自然之间的和谐以及文化和谐的思想。赖氏从河南一路播迁，绝大部分是"衣冠南渡"，在江西、浙江、福建、广东等地开枝散叶，从汤湖走出去或者与汤湖有渊源的赖氏不计其数，汤湖赖氏上祖六郎公是叔颖公的一位优秀后裔，繁衍生息了超过百万之众的赖氏后裔，几乎遍及大江南北，也为天下赖氏一家亲奠定了良好的、深厚的、朴实的、广泛的亲情基础。

三是励精图治、坚忍不拔的创业精神。《说文解字》里讲到"赖，赢也"，这就给赖氏族亲们提供了"客家人系有料"的强大精神动力。汤湖赖氏虽然有悠久的历史，但历史上曾经被"军户"户籍制所困，众多族人赖氏被逼、被迫外迁，历尽千辛万苦，走过千山万水，说遍千言万语，做透千工万业，终于在各地成功稳居下来成就了家业，也有了今天赖氏的荣光。

从古今回望中，赖红文看到了汤湖赖氏精神和今天党和国家倡导的以人为本，全面、协调的科学发展观以及和平统一、构建和谐社会、建设节约型社会、乡村振兴等方针的吻合性、一致性。他认为，弘扬汤湖赖氏精神，就是落实科学发展观和落实和平统一、构建和谐社会和建设节约型社会方针、振兴美丽乡村的战略举措，"汤湖赖氏精神弘扬战略，在赖氏文化开发七大战略中处于基础地位，它直接为赖氏族人凝聚战略和赖氏文化崛起战略服务。"

二、赖氏族人凝聚战略

一个民族、一个国家，有了自己的精神支柱，就有了灵魂，有了凝聚力和生命力。眼下是中华民族团结凝聚和民族复兴的最佳时机，中国的经济实力不断增强、国家地位不断提升，国际影响日益壮大，海外华人对国家兴旺无比期望，对主流传统文化的认同过程正在加速。人们希望能寻找一个凝聚中华民族精神元素的空间载体，寻找一个精神家园，以寄托对传统文化的怀念，填补传统文化日渐世俗化、商业化后形成的精神文化真空，达到修复中华民族精神空间、弘扬民族精神的目的。

赖红文以为，赖氏文化是中华传统文化的一分子，是联系海内外赖氏族人情感交流的纽带。因此，赖氏文化综合开发项目从政治、文化、伦理、民族、经济的角度为赖氏提供了合适的平台，最容易进入人们的视角，契合社会和谐、文明复兴、乡村振兴和精神心理寄托的主题。赖氏族人凝聚战略一方面要以血脉亲情、基因密码将全世界赖氏族人联系在一起，共同为祖国的繁荣富强和民族复兴贡献自己的力量，另一方面要大力弘扬汤湖赖氏精神，传承赖氏文化精髓，使其成为中华民族精神的一个载体代表。

三、赖氏文化崛起战略

"发展文化产业是市场经济条件下繁荣社会主义文化、满足人民群众精神文化需要的重要途径""积极发展文化事业和文化产业""文化赋能乡村振兴"，这就是赖氏文化综合开发的宗旨、出发点、政策基础。

汤湖崛起的重要内容就是汤湖赖氏文化的崛起，通过对汤湖历史文化底蕴的挖掘，让赖氏文化的崛起用于社会再造，促进社会经济的发展，比如对汤湖赖氏家庙的重建、上祖陵园的建设以及赖氏大舞台、赖氏文化交流中心大楼的建设，还有每年正月最后一个周末祭祖大典和不定期举办的赖氏文化活动，将各地赖氏子孙吸引前来汤湖寻根、祭祖、论谱、旅游、考察和投资，并为汤湖和当地的发展出谋划策、投资兴业、贡献力量。另一方面，通过做强、做大、做活汤湖赖氏文化，弘扬赖氏文化体现的拼搏向上精神，塑造汤湖美丽乡村的良好形象，提升汤湖的软实力，让汤湖赖氏族人发家致富、安居乐业。赖红文说，这就是他们策划这个项目的终极目标。

四、和谐社会示范战略

国家提出了建设社会主义和谐社会和建设美丽乡村的伟大任务。实现社会和谐、建设美丽乡村，是人类孜孜以求的一个社会理想，也是包括中国共产党在内的马克思主义政党不懈追求的一个社会理想。汤湖赖氏文化发展处于这样一个时代背景当中，理应为构建和谐社会、振兴乡村的伟大构想用于指导实践做出表率作用。汤湖赖氏文化综合开发项目应该挖掘赖氏文化"天下赖氏一家亲"的朴素和谐思想，并和新时代的构建和谐社会联系起来，宣扬和展示人与自然的和谐、人与社会的和谐、人与人的和谐，而这些正是汤湖赖氏文化的精髓。

五、软实力打造战略

汤湖赖氏文化的开发包括两个方面：一是"硬开发"，也就是上祖墓园、赖氏家庙、赖氏大舞台、赖氏文化交流中心、中央苏区第一个团支部纪念馆、赖氏文化广场等硬件的开发；一是"软开发"，也就是汤湖赖氏文化的综合开发以及炎黄文化传习基地的创建。从一定意义上说，"软开发"比"硬开发"更加重要。汤湖赖氏重要发祥地"软开发"的目的就是要不断发展汤湖赖氏文化的生产力和影响力，以赖氏文化促进祖地经济发展，不断发展汤湖赖氏文化的生产力。比如依托文化传媒、祭祖庆典、赖氏文化论坛，加大宣传，将汤湖赖氏文化推向赖氏族人、推向社会，提高汤湖赖氏文化的影响力。最终实现与珠玑巷、宁都，乃至祖地河南息县古赖国总体一起抱团发展、一起提高升华"软实力"的目的。

汤湖赖氏文化是活的文化，是与时俱进的文化，是有历史底蕴的文化，是正能量的文化。只有深刻把握汤湖赖氏文化中的精髓，才能将其发扬光大。将汤湖赖氏文化中的统一精神、和谐精神和创业精神，贯彻在各个方面的工作当中。

六、姓氏文化品牌战略

赖氏文化开发的品牌战略，首先是要打响"汤湖赖氏重要发祥地"这块金字招牌，将汤湖赖氏重要发祥地真正做成赖氏文化的重点和永定"东楼西湖"旅游的配套和补充。

而事实上，汤湖赖氏发祥地是海内外众多赖氏的朝宗圣祖之地之一，已成为一张赖氏文化闪亮的名片，每年前来汤湖寻根祭祖的赖氏宗亲多达2万多人，在一定程度上为永定旅游做出了较大贡献，促进了土楼旅游的发展，提高了永定知名度。因此更应该将汤湖赖氏文化品牌做足、做强，做出影响，做出成就。

为了提高汤湖赖氏文化品牌的影响力，应该强化"汤湖"和"归来"的概念。同时，可以通过建设上祖墓园、赖氏家庙、赖氏大舞台、赖氏文化交流中心、中央苏区第一个团支部纪念馆、赖氏文化广场，成立赖氏文化论坛、赖氏商贸论坛、赖氏优秀青年创业论坛、赖氏特色行业交流与先富带后富共走富裕路论坛、赖氏宗祠文化论坛、设立赖氏慈善和奖教奖学基金、赖氏宗亲相互帮扶发展基金、拍摄赖氏文化微视频微电影，以及举办各种活动等一系列举措提高汤湖赖氏文化的影响，让宗亲交流、商贸发展、乡村旅游相互促进，形成以寻根促联谊、以开发促发展的格局。

七、寻根问祖游龙头战略

汤湖赖氏文化综合开发项目以汤湖赖氏文化孝亲文化、拜祖节庆旅游项目的开发为龙头，通过打造"赖氏心灵家园"形象、美丽乡村样板，宣传"汤湖，距离河南祖地很远，但距离宗亲很近""汤湖归来"等主题，将汤湖赖氏文化旅游做成当地姓氏文化旅游的品牌，做成中国姓氏文化游、寻根孝亲游的品牌，促进祖地旅游业和相关产业的发展。

汤湖赖氏文化综合开发项目的建设，也是启动、落实和响应赖氏总会的号召，通过对汤湖赖氏文化进行大规模、立体化、持续性的宣传，通过完善祭祖、寻根、朝拜、论谱，组织各种交流会，参与各种宗亲活动，让更多人了解、体会汤湖赖氏文化，并以汤湖每年正月的最后一个周末拜祖大典、"汤湖赖氏文化论坛""汤湖赖氏商贸论坛"等为平台，融合世界赖氏族人的大聚会、大祭祖，提高赖氏族人的凝聚力，达到光大弘扬赖氏精神、提升汤湖祖地区域人文素质、改善祖地的区域形象、优化祖地的投资环境的目的。对此，赖红文信心十足。

赖红文深知两岸文化交流的重要性。早在2008年8月，时任国民党中央秘书长的吴敦义陪同国民党主席吴伯雄回到故乡永定，时任永定县旅游局副局长的赖红文负责了接待工作。因缘际会，和合而生。2019年8月，赖红文委托台湾赖氏宗亲找到国民党中央组织发展委员会副主任委员林政丰先生，拜托他恳请时任中国国民党主席的吴敦义先生为汤湖赖文化项目题词。吴敦义了解了汤湖赖文化项目情况后，欣然题词"弘扬汤湖赖氏文化"。随即，林政丰先生专程回到大陆，把吴敦义先生的题词交给赖红文。经请示龙岩市台港澳部门后，赖红文请人把吴敦义先生的题词刻在石头上，放在汤湖赖氏家庙旁边供人参观和对外宣传。

发展愿景

汤湖，一个有着千年历史的古村，历经风雨沧桑，历经磨难艰辛，仍能屹立不倒，瓜瓞绵延，兴旺发达，是赖氏族人的坚强意志和不屈精神使然。这种文化历练、积淀和传承，不论是现在，还是将来，在赖氏族人心目中，永远都是美丽、璀璨、神圣，无上荣光。

打造"汤湖赖氏重要发祥地"的文化形象，让汤湖成为全球赖氏会客厅，不仅使汤湖成为全球赖氏寻根的必到之地和精神家园，而且为世界赖氏族人投资兴业、商贸交流之福地，让"敬宗孝祖＋经济商贸""敬宗孝祖＋旅游观光"完美接合。

以姓氏为徽记，中华民族世世代代传承共祖炎黄，百姓一家的观念和血浓于水，分裂不开的情感，也同时传载了以"和谐"为核心的人文精神。中华姓氏文化和家谱文化是中国传统家族文化的精髓，它代表了我们的文化血脉和精神文明的传承，我们打造汤湖赖氏之光就是要通过家谱和姓氏文化的传承，倡导姓氏文化，加强家族文化的传承，共同为中国传统文化的延续贡献力量。

听得出，这番高站位的话是赖红文的肺腑之言。

采访结束时，赖红文满心欢喜地告诉我：汤湖刚刚获得福建省第一个炎黄文化传习基地的称号，有了这块金字招牌，汤湖的底气更足了！

目　录

探寻汤湖赖氏渊源

弘扬赖氏优秀文化

赖松谷

源
远流长

◎ 赖万安

汤湖赖氏家声远　缅怀宗功弘祖德

汤湖村现隶属龙岩市永定区合溪乡，位于永定西部，与上杭县稔田镇、蓝溪镇接壤。汤湖是一个丘陵盆地，海拔 220 米，群山环抱，北有袍山，东有马石山，南有明良山，西有西华山，四维拱护。汤湖溪源于袍山山金崈，自东北方流入村，蜿蜒曲折呈 S 形穿村而过，出东南方。汤湖温泉闻名闽西，南宋开庆元年（1259）《临汀志》载："上杭汤泉，兴化、金丰、胜运三乡皆有之，惟在胜运者最热。沸如蟹眼，可熟生物，旁有冷泉以济浣濯。"

汤湖村先后有李田、桐湖、桐阳湖、汤湖等之称，人居范围约一平方公里。明清时属胜运里，乾隆年间称汤湖乡。曾有温、胡、李、王、曾、廖、刘等姓氏居住。现在汤湖居住吴、赖两姓，吴姓500 多人，赖姓 3000 余人。唐大历四年（769），汀州府在湖雷设上杭场（上杭县前称）。汤湖距湖雷 25 千米，汤湖又有温泉，由此可推测汤湖在 1200 年前有人居住。

据目前所知的各地族谱记载：极公裔四郎公，标公裔八郎公、十七郎公、虞观公、朝英公，五郎公裔十六郎公等先后在汤湖生活或定居若干代，他们的后裔均迁徙外地或汤湖周边。汤湖附近的田螺湖有八郎公裔；官田、调吴有十七郎公裔；极公的四郎公裔迁往上杭湖洋五坊村；五郎公裔十六郎公在汤湖住了数代后迁往长汀赖坊；虞观公裔则分布永定金砂、上杭芦丰、广东紫金、江西瑞金等地；朝英公裔多分布闽南、台湾、广东。汤湖本村则全部是标公后代朝美公次子明佐公裔，汤湖明佐公至今在汤湖已繁衍二十七代，即朝美公的第二十八代。按族谱记载，千余年来，赖氏经汤湖繁衍播迁的人数有一百多万，占世界赖氏人口近一半。近800年里，仅朝美公裔孙就超八十万，衍播五洲四海，成为世界赖氏重要发祥地，可谓是"汤湖山水灵，赖氏望族地"。二世祖明佐公少年时随伯父虞观公来汤湖定居（明佐公后裔于元泰定三年尊朝美公为一世祖），其裔孙经历了三次外迁高潮。第一次是明初，受军户压迫，为脱离军籍，外逃避难；第二次是明朝中后期，许多人因功名出仕为官而外迁；第三次是康乾盛世，汤湖地域小，人口多，外出谋生。

汤湖赖氏的发展，虽然经历了军户的磨难，也享受了盛世的祥和，养成了自强、尚义、淳朴的品格。不仅人丁兴旺，且贤能辈出。始祖朝美公，二次中举，忠宋不仕元，隐居泉林。二世祖萧婆太、仲房九世祖李婆太，节烈风范，慈怀诲子，懿德流芳，她们的事迹、品格堪称伟大母亲的杰出代表。季房四世祖万二郎公（名添禄）为并军合户忧郁而亡。仲房七世祖宗仪公（号宣四郎）为族人的团结、族人的前途，摆脱军户的枷锁而成为民户，接过叔祖万二郎公未竟的事业，向各级官府申诉，备受诉讼之苦。宗仪公为此充军、坐牢，困于囹圄二十余年，所受刑辱不可胜计。最终在他的努力之下赖氏废除了军户，解除了军籍，族人扬眉吐气，人丁迅速增加，科举出仕开始大量出现，汤湖赖氏由此成为杭永一带的名门望族。如季房九世祖廷用公，湖广会同县知县："秉性纲烈，遇事敢言，闻成化庚子年开永定上杭界不明，何县主不能清理，返乡后与本县吴琳挺身相争，经告道院，愤悒而卒。"仲房九世祖赖先公，永定置县后第一个进士，授户部主事，常德府知府。赖先以廉洁著称，不与奸宦、阉党为伍，辞职返乡，兴修水利，造福于民。他言传身教，培养出了永定第二个进士张僖。仲房二十世祖际发公，新中国建材工业奠基人、首任建材工业部部长、中共九届中央委员，为新中国的建立和建设立下了不朽功勋。季房二十三世祖维周公，参加过永定早期苏维埃运动。他爱憎分明，义薄云天，在中央苏区受到挫折时，搭救过谭震林等共产党人。从 1928 年永定革命暴动开始，到新中国成立前夕，汤湖村赖氏一共有 37 位革命烈士。级别最高的是红九团政治部主任赖荣传，牺牲于 1935 年 11 月。还有一位红军营长赖启经，1934 年牺牲在反围剿的一次战斗中。此外，省、府、县志还记载了许多汤湖赖氏先贤，有清正为民的府县官员，有享誉一方的惇行孝义，也有懿德流芳的节妇慈母。明清两代，科名之盛，蜚声杭永。明永乐初，仲房五世祖懿德公，以明经举荐授湖北宜都县知县，成为汤湖赖氏第一个出仕的人。之后明清时期（含永定县内朝美公裔），出了三个进士（其中一个武进士），29 个举人（含武举），贡生 70 余人；有一个知府、一个署府事；州同、州判、知州、知县（县令）等官员 24 人；教授、主簿、教谕等吏员 40 人。新中国成立后，汤湖本村赖氏出了一个部级干部、五个厅级干部、两个军队大校。

历史上，有许多著名赖氏先贤对汤湖情有独钟。明永乐进士赖隆公为汤湖修编了第一本族谱，理清了汤湖朝美公以上的世系。明崇祯进士赖垓公，德化人，在永定松阳祠（一说朝美公祠）落成时，赋了一副长联。清雍正十一年进士赖翰颙（朝英公裔），乾隆二年授任翰林院编修，南靖人，曾到汤湖谢祖，写下对联："湖水前流溯去源头未远，马山后峙看来地步更高。"民国连三公，广东汕头人，在近400页的《赖氏族谱纲纂》中特地写下了"汤湖朝美公之发祥地"，其后人也对汤湖宗亲念念不忘，常有来往。还有外姓精英、普通人士对汤湖心存挚爱。南宋陈显伯（官至吏部尚书），其后人在明朝为汤湖赖氏保存了汤湖第一本族谱——赖隆公修订的族谱，在1640年建永定松阳祠时，无偿赠送给汤湖赖氏裔孙。汤湖村"汤湖学校"四字由中共中央政治局原委员、全国政协副主席王兆国题写。还有不少文化人士来汤湖写文章、吟诗作赋。

"族开颍水源流远，灵接袍山气象尊。"汤湖的水土，哺育了汤湖赖氏家族的根基，繁育了众多人口，孕育了大批贤能，引诗为证：

> 草木葱茏夏日长，汤湖宝地美名扬。
>
> 神奇狮象把水口，青秀袍山描画廊，
>
> 赤子忠魂萦故土，仁人志士闪光芒。
>
> 暖风阵阵珍禽舞，流水潺潺野径香。
>
> 温泉浴罢飘仙骨，民俗熏陶惬意狂。
>
> 若问诗思何事惹，醒时忆梦妙村庄。

近800年来，汤湖赖氏的发展，有过艰辛，有过曲折，有过辉煌。汤湖赖氏能维持团结、上进、发展，这是列祖列宗砥砺求进、积善积德、"逆境抗争，忠廉尚义"的精神和"勤奋进取，孝悌友爱"的家风来维系的。今逢盛世，汤湖赖氏后人，应铭记宗功，弘扬祖德，至善至道，爱国爱乡，为国家争光，为族人争荣。

注：相关族谱记载，标公裔六郎公生子，长子虞观（朝选）、次子朝美、三子朝英、四子朝奉、五子德美（广东南雄珠玑巷族谱记载）。六郎公姚吕、温氏合葬上杭古田温公坑。清顺治十六年迁葬汤湖究窠里。清嘉庆三年改葬上杭太拔斗古坪。约定每年赖氏家庙公祭后的第二天，即祭祀六郎公墓。

◎ 戎章榕

汤湖赖氏播迁揭秘

未抵汤湖，先闻其名。汤湖村位于永定区合溪乡，是一个既大又小的山村。说大是合溪乡最大的行政村，全村现有人口近 3500 人，其中赖姓有 3000 余人，吴姓有 500 多人。说小却走出了一支庞大的赖氏族人，据不完全统计，有 100 多万的赖氏族人分布在世界各地，每年平均有近 2 万人回到汤湖寻根谒祖。

据不完全统计，现今全世界赖姓后裔有 300 多万人，何以有将近二分之一的来自汤湖，分播于祖国大江南北，以及海外欧美、东南亚各国？我们决定一探究竟。

甫抵村口，一眼就看到，在矗立的白色花岗岩石柱上，赫然用朱红色镌刻着："汤湖——世界赖氏重要发祥地"，何等霸气！再看落款是"赖氏宗亲联谊总会、古赖国文化研究院 2019 年 7 月立"，让人萌生探秘的愿望。

何谓"古赖国文化"？当地乡贤解释说，这是研究赖氏起源的姓氏文化，古赖国是赖氏的发源地。

从公元前 1122 年至公元前 538 年，古赖国立国 584 年，后为楚所灭，迁于鄢，国人怀念故土，以国为姓，这就是赖氏起源。

1995 年周代赖国故城经考古在今河南省息县包信镇被发现，后被确立为河南省文物保护单位，古赖国文化研究院和古赖国文化园随之应运而生。

解开一个谜，又生一疑问：河南的赖氏与汤湖的赖氏，又是什么关系？

姓氏文化作为民族文化的一个缩影，是民族文化形成、发展的印痕，是民族认同亲和的"文化长城"。《中华姓氏大典》记载的4820 个汉族姓氏中，起源于河南的有 1834 个，所包含的人口占汉族总人口的 84.9% 以上。无论是李、王、张、刘这中华四大姓，还是陈、林、黄、郑这南方四大姓，均缘起河南。世界赖氏也概莫能外。

树有根，水有源，寻根问祖乃人之常情。世界赖氏，源于河南，迁徙江南，发祥汤湖。

永定是纯客家县，汤湖有千年客家村之名。客家人最突出的特点是迁徙。在迁徙中生存拓荒，在迁徙中创造文明。客家族群是中国历史上数次大规模迁徙的产物。为逃避战乱或灾荒，客家先民从中原一带辗转向南，逐渐进入赣南、闽西、粤东等地山岭地带定居，促使这一群体共同意愿的产生，万里长旋，衣冠南渡，筚路蓝缕，垦荒拓植，生息繁衍，并由此诞生了客家民系和客家文化。汤湖人遗传了客家人的文化基因，播迁四方。

毗邻村口，坐落着一座环境幽静的汤湖开基祖朝美公的陵园。

前往陵园有一条水泥路，翠柏夹道，这是澳门宗亲赖东生捐资兴建的，故名东生路。路旁草丛中有一块不大的石碑，是 2007 年立的。看来，祭祖活动由来已久。

新的汤湖赖祖陵园工程是 2018 年 8 月 18 日奠基，翌年正月竣工。在一座牌楼前，我们伫立盘桓，细细品读牌楼石柱前后的楹联："龙虎生风青山岽望千秋垂范，像狮把水玉带澄泓万古流芳""朝山拱秀翠竹饶峰永世美，陵域增辉祥麟瑞凤长春园"，将当地的风水气象和美好的寓意祝福融入一联；"光前颖川觐祖仕宋隐元担五义，裕后松阳裔孙寻根发脉播八荒""朝南徙址恢先绪，美德传家启后昆"，又将赖氏先祖功业和后裔传承一并表达。从楹联的只言片语中不难看出，汤湖赖氏播迁的些许端倪。

整个陵园精致紧凑，依次分为石牌楼、朝美公石雕像、石雕念祖亭、条石台阶、石板循回墓道和朝美公墓。但是，寻根谒祖的路途却很长，心心念念，汤湖赖氏后裔眷念着这方开基热土；山高水长，每年春分前后都不远万里、不辞辛苦前来祭祖。祖宗虽远祭祀不可不诚。客家人之所以尊祖敬宗，敦亲睦族，念祖亭上的一副楹联做出了一个很好的诠释：故园乃家园最令游子怀故土，祖地即圣地长教裔孙敬祖先。

对于开基祖朝美公，在念祖亭的碑文上，用非常简明扼要的文字，将其一生的功业作了概述："吾祖朝美，两榜举人，宋仕武平，元隐山林……肇基汤湖，披荆斩棘，开疆拓土，萧氏婆太，含辛茹苦，三显后裔，枝繁叶茂……"南宋淳祐丙午、壬子朝美公两中乡举，先后出仕闽侯、武平，敦气节，不就原职，不求仕进，隐居林泉，终于武平。后裔于元泰定三年（1326）尊公为永定汤湖松阳始祖。

据《姓氏考略》所载，最早的赖姓家族，居于古代颖川（今河南禹州）一带。魏晋南北朝时，赖姓加入了为躲避战乱由北向南迁徙，其足迹遍布赣、闽、浙、粤、湘等省。另据《赖氏族谱》所载，东晋有赖忠诚（为客家赖氏始祖）任虔州（今江西省赣州）知府，其后人赖光迁居松阳（浙江省松阳县），渐成当地一大郡望，故此支望族以"松阳"为郡号。而汤湖赖氏则来源于松阳一支，朝美公则是汤湖（松阳）始祖。

我们来到赖氏家庙，这是汤湖最气派的建筑，更是赖氏族裔的重要精神家园。环顾四周，依山傍水，三面环水呈 U 字形为玉带悬腰，背靠袍山三金崇如观音坐莲形，家庙主体建筑面积 1200 平方米，采用古建筑斗拱榫卯结构，为典型的南方祠堂建筑风格，庄严宏伟，古色古香，雕梁画栋，堂碧生辉，功德流芳，彰显梓里。真不愧为"地脉千年盛，人文百世昌"。

"赖氏家庙"是 1943 年由"颖公祠"改建的。国家有史，地方有志，宗族有祠。欣逢盛世，为慎终追远、砥砺后人，赖氏后裔决定 2019 年 7 月重建。步入大门，正堂上挂有三块匾额，分别是"颖川堂""松阳堂""西川堂"，这是历史上赖氏源流的重要和主要堂号。如果说"颖川堂"是赖氏的先祖，那么，"松阳堂""西川堂"则是赖氏迁徙的分枝。

伫立正堂，仰望匾额，不由感叹汤湖后人的心胸，海纳百川有容乃大，在重建赖氏家庙，不只是盯着"松阳堂"，而是三堂同祠，"共尊一先祖，同姓一个赖"。还有汤湖人的气魄，将"赖氏家庙"打造成中国赖氏四大宗祠之一，彰显了"赖氏之光"。

"国之大事，在祀与戎。"宗祠（家庙）是汉民族祭祀祖先和先贤的场所，是凝聚民族血缘和感情的纽带，是民族悠久历史和传统文化的象征与标志，具有很强的影响力和历史价值。汤湖千百年瓜瓞延绵、尔昌尔炽、开枝散叶、人才辈出，很大程度上得益于兴建家庙、弘扬祖德、承前启后，继往开来。

乡贤赖维周当年不仅牵头重修，并亲撰一副厅联："溯祖德肇西周由秦汉以迄明清，屈指二十朝绵绵延延俎豆馨香今胜昔；衍宗枝在南国从浙赣而藩闽粤，计丁亿万口振振蛰蛰衣冠文物后光前。"这副楹联全面反映了汤湖赖氏迁徙的情景，上联是播迁的时间轴，下联是开拓的经纬线。赖红文团队重建家庙后，仍把赖维周这副楹联镌刻在新的堂柱上，旨在"崇先报本，启裕后昆"，回不去的地方叫故乡，到不了的地方叫远方。

汤湖赖氏大规模外迁有三次，第一次是元末明初，因逃避军户，是最大一次迁徙，明佐公十二个孙子的子孙有七个支被迫外迁，大都迁往广东；明清两朝，汤湖赖氏科甲出仕为官外迁较多；第三次是康乾盛世，汤湖地域小，为生计而外迁，主要往江西，福建北部开疆拓土。

汤湖采风之后，我又抵上杭客家谱牒博物馆，进一步了解赖氏播迁史。赖标为入闽始祖，而赖朝美则是赖标第十三世孙、汤湖始祖。据不完全统计，汤湖赖氏后裔包括虞观公、朝美公、朝英公、朝奉公、德美公后裔。朝美公裔有80多万人，其中广东最多（60余万），福建次之（7万，其中永定近4万）。千百年来，朝美公裔孙播迁闽、粤、赣、桂、浙、湘、渝、川、琼、台等地及东南亚各国。

更为可喜的是，改革开放的春风再度吹醒了汤湖人的开拓意识，摆脱土地的束缚，闯出一片新天地，全村75%的村民都在从事电子"IT"行业，有着"一千柜台八百店"的美誉，国内大中城市有销售、经营"IT"的就有汤湖人，总体产值超过10个亿，成为远近闻名的"IT"产业村。

泱泱赖氏源远流长，子孙遍布五洲六洋，懿德仁勋千古流芳。

短暂的汤湖采风，就足以感受了赖氏后裔的文化自觉和文化自信，对过往的敬重与未来的向往。

汤湖是世界赖氏重要发祥地，是世界赖氏繁衍后裔分支的世居之乡。

源一远一流一长

◎ 张冬青

汤 湖 谣

从海拔千余米的山金崟、逶迤奔涌而来的一溪碧水在这里流得回旋往复九曲回肠波光涟滟一唱三叹起来；这块方圆数里的山间盆地，四围层峦叠嶂，前有横亘如枕的案山明阳寨，后有层叠绵延的袍山、金崟山、茫荡洋，左朱雀右玄武，鸟鸣溪涧，松竹连岗，加之溪畔日夜爆涌不息的温泉，蒸腾氤氲的水汽与阳光和云朵交汇，不时形成绚丽的虹彩，一派宁静温馨祥和，这里就是位于永定与上杭交界处的闽西客家山村汤湖。

千百年来，客家人为避战乱以求平安，筚路蓝缕不断迁徙，逐水草而居，只为寻找心中的那片伊甸园。往事越千年魏武挥鞭；遥想宋末年间，汤湖的客家赖氏先祖沿汀江逆流而上，一路朝着美好寻寻觅觅，穿溪流转丰朗过稔田，甫进入汤湖地界，瞬间被眼前这片溪流婉转、水草丰茂、鸟语花香所迷醉。于是定下心来，在此开荒植篱落草开基繁衍生息。数百年间，赖氏一族秉承客家人"耕读传家，自强不息，开拓进取"的精神，代复一代勤劳发奋，不断开枝散叶，如今汤湖赖氏族裔已繁衍播传逾百万人，遍布东南亚和世界各地。汤湖人文鼎盛，名贤辈出，被称为客家赖氏第一村。汤湖村现有 3500 多人，全村有耕地 2386 亩，果园 3000 亩，盛产芦柑、蜜柚和脐橙；是"永定十大美丽乡村"，省级"一村一品"示范村。

这个冬阳和煦的上午，我们作家采风团乘坐的大巴从永定出发，半个多小时后抵达汤湖村口；矗立村口的高大牌坊让我眼前一亮，20 多吨重、高数米、宽约两米的灰白色大理石牌坊左三分之一为变体拉长浮雕的"赖"字，右边三分之二楷体大红字镌刻着"汤湖——世界赖氏重要发祥地／赖氏宗亲联谊总会／古赖国文化研究院立／二〇一九年七月"的字样，底部基座正面有对称的古兽图腾纹饰，顶部蹲伏一尊长翼的瑞兽，标志碑设计造型端庄大气，颇有创意，让人油然而生敬意。

一行人饶有兴致地行走在水泥铺就弯来拐去的村道上，一条清澈的小溪以 S 形循环穿村而过，左右溪岸村舍俨然，大都为三四层的水泥砖楼建构，有户人家门前大红的三角梅顺着砖墙攀援盛开，这里那里常见探出屋角挂满橙红果实的柿子树；晚稻收割后的稻田间有鸡鸭在追逐嬉戏，乡村敬老院门廊内，几位老者正晒着冬阳拉家常，和祥安宁如许。

一般说来，在闽粤赣客家地区，每座世代以姓氏聚居的村落，都会有准地标式的建筑，那就是本村氏族的宗祠或称家庙。我在《客家与民俗》一书中看到过对于客家族群与宗祠有过以下叙述：通俗地说，客家人的家族是以血缘为基础，由诸多家庭构成的社会集团，一般包括同一血统的几辈人或几十代人，古汀州周边八县是当年中原汉人南迁入闽形成客家族群的主要居留地；在此山高水深且与当地土著杂居的恶劣生存环境下，客家人唯有以血缘为纽带，增强巩固自身家族的内聚力，逐渐形成尊祖敬宗的共同心理。客家人的家族观念，可以从眼下历久弥新尚存或重修的大量宗祠、族谱中觅见清晰的脉络轨迹，闽西客家人将对于祖先的崇拜置于内心最高的位置，客家地区几乎各姓氏都有宗祠，祖墓和族谱，每逢重要节庆，祭祖或隔两三代逢盛世修族谱，除了缅怀传承先祖的功德修为，更主要的是记载历代族人的业绩功勋，以光宗耀祖并祈望祖先在天之灵福荫子孙后代。宗祠是宗族祭祀、缅怀先人、祈求基业永固的场所，客家人祠堂的名称有大宗祠、家庙、家堂、祠宇等。闽西各家各姓的子孙从入闽第三四代开始，视家族人口情况筹划建造祭祀祖宗的祠堂家庙。位于汤湖村中心地带的赖氏家庙就是这样一座经典的客家家庙。

赖氏家庙三面环水，有玉带悬腰，观音坐莲之象。庙门前有宽阔的坪场，溪岸边几棵枝叶苍虬的老树。石木结构的赖氏家庙，建筑面积达 1200 平方米，为二进宫殿式古建筑风格，门前竖一文一武两根石旗杆，门口的一对石雕吉象与门廊一对透雕大龙柱雕饰精美动静相宜。整体尽显雕龙画栋，古朴典雅，恢宏大气。人届中年的永定区文旅局调研员赖红文热情有加，一路忙前忙后陪同我们走访，赖红文介绍说，汤湖赖氏先祖筚路蓝缕繁衍壮大至今，有着许多的沧桑磨砺。眼前的赖氏家庙始建于明景泰三年（1452），原名颖公祠。汤湖赖氏原先为军户，好几代人受军役之累苦不堪言，在先辈季房四世祖万二郎公、仲房七世祖宗仪公等几代人长期抗争不懈努力之下，彻底解除军户转为民户；其时汤湖赖氏全族欢欣鼓舞，同心合议在汤村中心建宗庙，祀太始祖颖公。此后历代又经多次重修，至 1943 年由清标公任建祠执行理事，维周公倾情在闽粤赣三省筹资，对颖公祠进行重建，更名为赖氏家庙。眼下的赖氏家庙在海内外宗亲的大力支持下，于 2020 年 11 月 20 日举行了盛大的竣工入火庆典。

步入家庙大厅，宽敞的厅堂内香火缭绕规制整然；左右两边照壁上分别挂着 20 幅先祖画像，墙裙上方装裱的 18 幅精美画框则分列出华夏赖氏重要历史节点，如武王分封、邦殒志姓、南国衍枝、松阳赐郡、仲方筑室、珠玑留芳、三代五将、汤湖发祥、松栋云牖、布衣堪舆、叔侄肇基、三显励志、颍祠佑族、赖先晋甲、翰颙谢祖、维周修庙、际发建勋、华构焕彩等。一边的赖氏家训九则写着：敬天地，奉祖先，孝父母，和兄弟，重夫妇，教子孙，睦宗族，善乡邻，慎言语。尤为简洁、朴素、实在。

正堂大香案上三只口径近半米的铜香炉之后，一长列的神龛分五隔整齐摆放着从赖氏太始祖叔颖公、开基祖朝美公前后几十代 1000 多列祖列宗神位牌；香火明灭之中，聆听着赖红文如数家珍的娓娓叙说，我感觉眼前的那些祖先牌位有如群星闪烁，都在客家的谱系天空里摇曳生姿，赖氏家族彪炳史册的人物史实一幕幕在眼前龙腾虎跃展开，其间有跳鱼般逆流而上披荆斩棘的开基祖朝美公、为赖氏一族从军户转为民户毕生操劳的宗仪公、岳母刺字般抚儿教子报仇雪恨的萧婆太、明弘治年间永定置县后的第一个进士赖先、新中国成立后首任建材工业部部长赖际发等。闽西大山深处的汤湖源远流长、人文鼎盛、名人辈出，让人感慨不已。

这里很有必要提示一下赖氏家族诸多历史节的"维周修庙"。1898 年出生于永定汤湖的赖维周勤奋好学，为人率直仗义，造福桑梓，先后毕业于长汀中学、江西心远大学，历任《江西日报》总编、心远大学教授，曾先后倾资营救过中共中央委员、工农银行行

源 远 流 长

长赖祖烈和新四军政委谭震林等人。1943 年，赖维周积极牵头组织重修颖公祠，出任建祠总理，召集闽粤赣同乡会多方筹集捐资，家庙当门的对联"族开颖水源流远，灵接袍山气象尊"即出自赖维周的手笔，对仗工整，文采斐然。我们在家庙后厢房见到趁此次活动特意赶回娘家的赖维周的外孙女李丽莉。1973 年出生的小李现为厦门嘉庚学院音乐系副教授，温婉大方知性。小李说，外祖父对她这个外孙女最是疼爱；记忆中的外祖父常坐在厅堂藤椅上或看书或沉思，庄静安详，年幼的她总是在他身上爬上爬下，不时揪下他的山羊胡子，老人却从不恼火。外祖父生前著有《草莽集》等，有诸多好友同道评介赖维周先生"谦谦儒雅，方正博学，慈悲为怀；其立身处世治学皆卓然，盖尼父所谓刚毅木讷近仁者"。忧国忧民以天下为己任的家国情怀是外祖父那一辈知识分子读书人的共同精神担当。说到这里，小李好有几分感慨。

赖衍举带我们去参观温泉，从家庙右向沿缓坡村道走一段，路左向赫然一口六七米见方的水泥池，池里各处泉涌如突，热气蒸腾的水面漂浮着些许黄褐色的苔藓状泡沫。衍举介绍说，这些泡沫是温泉硫黄含量较重所致。汤湖温泉水质纯净，高温至 63 摄氏度，昼夜流量达 2650 吨，在永定乃至闽西一带颇负盛名。我们在村道边看到相隔一段的男女室内公共温泉池，可免费泡洗。衍举带我们走一段田埂小道，眼前出现一长溜搭了遮阳棚足有十多亩的水泥池，池边的木板上写着：汤湖养殖试验场。衍举告诉我们，这是近年从外地引进的短尾鳄，汤湖温泉的水温适合鱼类过冬。养殖场内半冥半暗水面平静，鳄鱼、淡水鱼等正沉醉在适度水温的温柔乡里整体休眠。

汤湖开基祖朝美公陵园在村庄东北向高处，沿着村口林木掩隐的小路往上行百多米，就看到高大的石砌牌楼，牌楼后有绿化平台、念祖亭、循回墓道等，两米多高的朝美公大理石雕像按照宋代官员服饰规制雕就，峨冠顶戴，左手执宝剑，右手握书卷，目光炯炯，气宇轩昂。随着朝美公的目光望向前方，可见到大半个汤湖的沃野连坂，溪流蜿蜒，山川锦绣。我对着朝美公默默颔首祈祷，这是汤湖赖氏一族的生命源泉，是汤湖村庄的世代繁荣的守护神祇所在。我仿佛来到一年一度正月最后一个周末祭祖的盛大日子，漫山遍野的鞭炮轰然炸响，天边的云彩携着海内外的赖氏宗亲都朝这里赶来，耳边回响起汤湖邑人写的古诗："乾坤俯仰浩无涯，高入云霄是我家。一壑一丘团骨肉，不雕不琢自风华。连峦晴看清秀色，古树春开得意花。闲日追欢随父老，细听松下话桑麻。"这真是一方客家宝地，一块神奇、坚韧、祥和且充满希望的土地，我在心底由衷赞叹。

源远流长

◎ 赖万安

汤湖赖氏家庙

　　汤湖赖氏家庙坐落在汤湖村的中心——上坝，观音坐莲形。家庙后山有三重山，依次是天棚岗、山金崇（袍山）、茫荡洋，前山（案山）是明阳寨。家庙前溪水自东北而入，环绕家庙流向东方，呈 U 字形，似玉带悬腰。

　　汤湖赖氏家庙始建于明景泰三年（1452），原名颖公祠。汤湖赖氏原是军户，几代人受军役之累难以胜数。在先辈季房四世祖万二郎公（添禄）、仲房七世祖宗仪公等长期抗争、不懈努力下，于明景泰三年彻底解除了军户，转为民户，汤湖赖氏获得了第一次解放。全族欢喜，合议在上坝建宗庙，祀太始祖颖公。之后经过了多次重修，到 1943 年由清标公任建祠执行总理，维周公在闽粤赣三省筹资，对颖公祠进行重建。主堂占地面积约 200 平方米，土木结构，于当年农历十一月十三日落成并更名为"赖氏家庙"。神龛上仍立叔颖公为主神位牌，余下安放有叔颖公以下、朝美公兄弟辈以上列祖列宗各支脉（按汤湖老谱所记）先祖神位牌。2011 年 2 月，世界赖氏宗亲联谊总会首次授予汤湖赖氏家庙为"赖氏百家名祠"称号。2014 年，中国姓氏文化研究会、海峡姓氏文化研究院授予汤湖赖氏家庙为"中国望族名祠"称号。

汤湖赖氏家庙的修建，处于不平静的年代，经七十多年风雨侵袭，已破旧不堪，无法容纳每年超过两万宗亲前来祭拜。于是，汤湖赖氏家庙理事会决定，拆旧在原址重建赖氏家庙。

2018 年 8 月，赖氏家庙重建开始实质性的筹划和设计，得到了世界赖氏联谊总会松谷会长、赖华执行会长等总会领导充分认可和高度重视。2019 年正月，以上领导亲临汤湖，参加了汤湖赖氏家庙一年一度的公祭活动，见证了汤湖赖氏家庙的现状，要求重建工作要尽快启动，并把汤湖赖氏家庙重建列为赖氏四大宗祠建设项目之一。随即成立了汤湖赖氏家庙重建理事会，由总会松谷会长和满谷、超谷、国香、文财等宗长任总顾问，总会执行会长赖华任理事长，汤湖红文任执行理事长，添夫、万安、仁芬任副理事长，衍举任秘书长，奕永任财务总监，并聘请本族部分精英分任文化顾问、堪舆顾问、建筑顾问等。汤湖赖氏家庙重建理事会成立后，汤湖赖氏家庙重建工作正式启动，同时起草倡议书，制定捐款褒扬办法，规划设计方案。2019 年 4 月 3 日（农历二月廿八日），完成赖氏家庙方位核准堪舆；6 月 24 日（农历五月廿二日），完成老家庙神位牌移座醮典；7 月 29 日（农历六月廿七日），举行隆重的开工仪式；2020 年 1 月 2 日（农历十二月初八），举行庄重的升梁典礼；2020 年 11 月 20 日（农历十月初六），举行盛大的新赖氏家庙竣工落成入火庆典。在整个汤湖赖氏家庙重建过程中，总会会长赖松谷时刻挂念着，经常过问建设进展。赖华会长还多次亲临汤湖，指导家庙重建。汤湖赖氏家庙的重建，还得到了各省分会的高度重视和鼓励，得到了各地宗亲的大力支持和扶助，也取得了施工单位的密切配合和当地政府的高度认可，重建工程顺利竣工。在世界赖氏重要发祥地汤湖村：一座雕梁画栋、金碧辉煌、恢宏大气、工艺精湛，文化内涵深厚与独具特色的新赖氏家庙拔地而起。托祖宗的洪福，圆了众多宗亲的梦，真乃天锡永赖。

　　石木结构的汤湖新赖氏家庙，建筑面积约1200平方米，包括上堂、下堂和两边护龙，是二进宫殿式古建筑风格。木材取自非洲菠罗格，粗大浑重，榫卯连接。三个大门的门板是红木材质，每一扇门板皆由一块原木制作，没有拼合。大门前立有两根石旗杆，一文一武，还安放了两尊石雕吉象，硕壮健润。大门口的一对龙柱，直径达96厘米，雕刻精细传神。中间大门对联沿用了原家庙的大门对联："族开颍水源流远，灵接袍山气象尊。"护龙两边的门前，分立一面厚约40厘米、面积3平方米的石屏。左边的石屏由赖氏宗亲联谊总会捐建，上刻"赖氏之光"；右边的石屏由福建省分会捐建，上刻"感恩荷德"。走进家庙下堂，抬头便能看到上堂堂楣的三个匾额，分别镌刻镏金大字：颍川堂、松阳堂、西川堂，这是迄今为止全国赖氏唯一的三堂一体的宗庙。乳白色的堂楣画上了百子嬉春图，图中孩童们天真活泼，寓意百子千孙、福寿双全、家族兴旺。在堂楣下方和回廊椽处披有绣织"金玉满堂"的锦缎横彩。两边回廊分别悬挂了将军、尚书、翰林、进士四个功名匾。来到上堂大厅，稍靠后位置一字排开三个比乒乓球桌还大的朱红色供桌，再往前是三个高大的香案，每个香案上分别安放了一个口径48厘米的纯铜香炉。香案后面是神龛，神龛柱金龙攀绕；神龛楣冠龙飞凤舞，金光闪闪；神龛上方是天宫瑶池的壁画，犹如仙境。神龛设五隔，设置1000个神主牌位，可供各地上祖神位牌晋座安放。中间一隔神龛安放：朝美公以上世系，沿袭老家庙按汤湖老谱所记，即太始祖叔颖公、元子夫人为主神位牌，朝美公以上列祖列宗及各支脉先祖神位牌；朝美公兄弟辈以下六世祖神位牌。旁边四隔，则安放朝美公兄弟辈以下7世以后各地上祖神位牌。目前新赖氏家庙已安放有近400个神位牌，包括老赖氏家庙原有各地开基祖神位牌和新赖氏家庙晋火后新增的各地开基祖神位牌。中间神龛前边两个柱上的对联，沿用老赖氏家庙由维周公撰写的对联："溯祖德肇西周由秦汉以迄明清，屈指二十朝绵绵延延俎豆馨香今胜昔；衍宗枝在南国从浙赣而藩闽粤，计丁亿万口振振蛰蛰衣冠文物后光前。"上堂大厅再往上看有一根彩画鲜艳的丁杆挂着一对印有篆体"赖"字的大大宫灯。上堂大厅两边的墙壁上方挂了20幅先祖画像，中部和两边回廊则挂满各地宗赠送的贺匾。贺匾下方、墙裙上方装帧了18幅画框，分列两边，右边（面对神龛）是世界赖氏历史节点：武王分封、邦殒志姓、南国衍枝、松阳赐郡、仲方筑室、珠玑留芳、三代五将、汤湖发祥、松栋云牖。左边是汤湖赖氏历史节点：布衣堪舆、叔侄肇基、三显励志、颖祠佑族、赖先晋甲、翰颙谢祖、维周修庙、际发建勋、华构焕彩。

回望前堂，大门后两边装挂6幅漆线雕二十四孝图。按照家庙建造规制，新赖氏家庙还安排了若干隐蔽设置。出了家庙大门，立了一座由福建省炎黄文化研究会授予汤湖的"炎黄文化传习基地"彩霞石石刻，左前方树荫下辉绿岩石刻"归来"，祈盼各地宗亲情系祖地，上承祖德、下启后昆。溪岸边的古树郁郁葱葱，生机勃勃。新树苗壮成长，枝叶繁茂。汤湖赖氏家庙的位置的确是一块宝地。

◎ 少木森

赖氏家庙颂

还没有"汤湖"这个村名的时候，就有了赖氏家庙。那是明朝景泰三年（1452），赖氏宗亲在村中建起了一个祠堂，叫颖公祠，从此村里的赖氏就有了这个家庙。而那时候，永定尚未置县，这个村也尚无"汤湖"这地名。据相关资料记载，古时候这一带属于交通不便的山区，远离行政中心，周围县邑许多逃亡的最底层军户选择来此定居，以避沉重的赋税与军役，获得暂时的安定。到了元朝末年，这一带已经村庄错落，人丁兴旺。其中，这个村居住繁衍的主要是赖氏子孙，也有部分吴氏人家。从行政隶属看，它曾归属汀州府胜运里，先后有李田、桐湖、桐阳湖之称。明成化十四年（1478）永定置县之后，几经易名，这个村才有了现存的"汤湖"这个村名。所以说，颖公祠早于这个村名。它早就是村里村外赖氏宗亲拜谒先祖、化育后辈的家庙。

说起来，汤湖村赖氏家庙诞生与存在的历史再一次验证了我国乡村发展的一个普遍现象与规律，那就是哪里的家庙公祠历史悠久、保护良好，哪里就有深厚的文化根基，就耕读成风，人才辈出，乡村兴旺。毕竟我们传统的古代教育从来重视的就是"三堂文化",即家堂、祠堂和学堂的教育教化作用。多少儒雅温良、有风骨、有担当的仕子学子,都因为有良好的家庭之教、家族之教和学堂教育才成为了栋梁之材。颍公祠在当时可谓是家族之教的翘楚,自然就对汤湖村的兴旺发达起着极大的助力作用。以明朝时期为例,汤湖村在颍公祠出现之前,即从洪武年间到景泰三年颍公祠建成时,已历七代皇帝,共84年(即1368—1452年),这近百年中,汤湖村贡生以上仕子仅三人,文化教育并不算突出。建了颍公祠后的景泰三年至崇祯年间,历十代皇帝,共192年(即1452—1644年),时间是前个阶段的两倍多点儿,而贡生以上仕子就多达四十一人,是前个阶段的近十四倍,其中有进士一人、举人九人。颍公祠诞生之后,这个汤湖村的文化教育有声有色,人才辈出,让人刮目相看。

颍公祠在后来的五百年间,经过了几次修建,但规制上没有太多变化。到了1943年,赖氏宗亲觉得颍公祠的规制太小了,决定由赖清标任执行总理,由著名乡贤、汤湖赖氏第二十三世孙赖维周在闽粤赣三省筹资重建,并正式更名为赖氏家庙。赖氏家庙主体占地约200平方米,由大厅和两边厢房组构成,土木结构,家庙围墙内总占地面积约1100平方米,包括接待室和门楼。建成之后,即被称为各地赖氏宗亲的闽粤赣总祠,汤湖周边人都简称它为总祠,每年有各地赖氏宗亲前来祭拜先祖。

盛世必兴文化。如今赖氏宗族文化,更是得到前所未有的重视,迎来新的弘扬与发展的机遇。2011年,世界赖氏宗亲联谊总会首次授予汤湖赖氏家庙为"赖氏百家名祠";2014年,中国姓氏文化研究会、海峡姓氏文化研究会授予汤湖赖氏家庙为"中国旺族名祠"。在如今乡村振兴、美丽乡村建设的时代背景下，汤湖人深感经历七十多年风风雨雨的家庙，已与美丽乡村的景象不相协调，也无法容纳每年超过两万名宗亲前来祭拜。在赖松谷、赖华、赖满谷、赖起谷、赖国香、赖文财等人的倡议下，2018 年 8 月村里赖氏宗亲对家庙重建开始了实质性筹划与设计，2019 年落实了各项开工建设的前期工作之后，于当年 7 月 29 日举行了隆重开工仪式；2020 年赖氏家庙竣工落成，当年 11 月 20 日举行了盛大的落成入火庆典。

这个对汤湖村影响深远的赖氏家庙，就坐落在村中间的上坝，后山有三重山，依次是天棚岗、三金崇和茫荡洋，而这山的主体三金崇形如穿着长袍的巨人，故称袍山。又有清清的山涧流水自东北而入，环绕家庙流向东方，形成 U 字形的玉带悬腰景观。如此一来，赖氏家庙便形成了背靠袍山，三面环水，形如观音坐在莲台上的绝佳风景。家庙建筑面积约 1200 平方米，包括上堂、下堂和两边护廊，是二进宫殿式古建设。古木结构，木材是非洲菠萝格，粗大浑重，榫卯连接；石头是来自山东的花岗岩与灰绿岩搭配构建，琢工精细；三个大门的门板是红木原木制作，每扇门板由一块原木制作，没有拼合，颇有气象。大门前立着两柱石旗杆，一文一武；还安放两尊石雕吉象，壮硕键润；大门口有一对龙柱，阴阳化合。中央大门的对联沿用了原有家庙的对联"族开颍水源流长，灵接袍山气象尊"。所有的这一切，既使得赖氏家庙景致十分清雅、庄重和优美，也符合民众祈求喜乐吉祥的愿望要求。

从文化内涵上看，赖氏家庙包含着三个文化要素：耕读文化、廉德文化和信俗文化。

先说说耕读文化。有人说，天下宗祠都是耕读文化的标本。这说法颇有道理，毕竟耕读文化是中国文化的优良传统，它影响了中国几千年历史，无论是中国古代一些知识分子世家以半耕半读为合理的生活方式，或者一些平民百姓以半耕半读方式通过科举考试而进入知识分子阶层，他们都是以"耕读传家"、耕读结合为价值取向，形成了一种"耕读文化"。所以，他们的家堂、祠堂里一定有丰富的耕读文化印迹，有丰富的耕读文化内涵。具体到赖氏家庙而言，我们在不经意间便可以从对联、牌匾、壁画，以及家训里品读到许多具有赖氏家族特质的"耕读传家"内容，我们只需在家庙走一趟，便能深切感受到赖氏家族耕读文化的浓厚氛围。

其次说廉德文化。就如华夏文化，除了"耕读传家"外，还有一个"诗礼传家"的优良传统。我们常说的培养温良、坚毅、自信、有担当的夏华知识分子的风骨，自然有诸多方面条件与因素的作用，是一个综合教育效应，不能说就是家庙、公祠的唯一功绩，但一个内涵丰富的家庙、公祠在华夏子孙成长过程中所起的作用的确不容磨灭，家庙里的廉德文化就是哺育子孙成长的有机养分之一，我们所说的家风传承，就是优秀的家族文化，在耳濡目染中传给了我们一代又一代人，融入我们的血液，奠定了我们的人生底色。赖氏家庙的对联、牌匾、壁画，以及家训里，最核心的内容便是廉德文化。这里的牌匾与对联："感恩荷德""睦族敦亲""崇仁修身秘书第，尚德归祖西伯风""溯祖德肇西周由秦汉以迄明清，屈指二十朝绵绵延延俎豆馨香今胜昔；衍宗枝在南国从浙赣而藩闽粤，计丁亿万口振振蛰蛰衣冠文物后光前"，字里行间透着的就是诗礼传家、崇俭倡廉、立德敬业的文化气质。

　　再说信俗文化。我们国家没有像西方那样明显的宗教信仰，但我们骨子里有着对某种文化精神的信仰与依托，便成为我们的精神力量。这种文化精神往往体现在某个卓越人物身上或不平凡事件上，就形成了不同人物与事物的信奉与敬仰。比如，忠义武勇的文化精神，从关羽身上体现出来，民间就逐步形成了"武圣关帝"的信俗文化。再比如，"无私善良、亲切慈爱、英勇"的文化精神从"妈祖林默"身上体现出来，就形成了"妈祖"信俗文化。这种"信俗文化"对我们社会生活的影响并不亚于西方宗教信仰对西方社会的影响。而且这种"信俗文化"又与各地民间习俗结合，形成了各具地方特色的"民间信俗文化"，这样的文化很接地气，容易为本地民众所接纳和笃信。这些文化经过千百年积淀与衍进，成为中国传统文化的基本精神之一，深刻影响着民众生活，深刻影响我们的社会发展。可以说，中国的民间信俗文化可分为两类，一类是信众信俗，一类是宗姓信俗。在宗姓信俗中，我们拜祖宗先人，拜的就是他们身上体现着我们文化道统中的"仁、义、礼、智、信"的精神。比如，赖氏家庙每年有超两万人来谒祖朝拜，朝拜赖氏太始祖颖叔公，朝拜汤湖开山始祖朝美公及其各宗支列祖，形成了中国文化道统大背景下的赖氏宗族文化特色。在赖氏家庙中，这赖氏文化归纳为两大类的历史文化节点，宏观总类上称为世界赖氏文化节点，包含着武王分封、邦郧志姓、南国衍支、松阳赐郡、仲方筑室、珠玑留芳、将军世袭、汤湖发祥、松栋去牖九个故事。微观分类上称汤湖赖氏历史节点，包含着布衣堪舆、叔侄肇基、三显励志、颖祠佑族、赖先晋甲、翰颙谢祖、维周修庙、际发建勋、华构异彩，也是九个故事。这一种祖宗崇拜的信俗文化已经渗透在赖氏宗亲的日常生活中，渗透到赖氏宗亲每个人的心灵里，让赖氏代代子孙在这文化的加持下，对生活产生一种感悟，一种人生哲理的启悟，也是一种人间正能量的阐发，一种向上向善价值观的传播，从而深刻影响了多少赖氏子孙，让他们拥有"阳光、向上"的人生走向。

源一远一流一长

◎ 景　艳

军户分合背后的家与国

不刻骨不足以铭心。是怎样的一份家族记忆，伴随着族谱代代相传？是怎样的一段国家历史，结合制度的研究从古而今？兔走乌飞，沉浮俯仰，汤湖赖氏数代人"并军合户"的悲喜，映射出一个国家的基祚岁道、荣辱兴衰。

一

所谓军户，指的是官府指定出军的人户。军户子弟世袭为兵，未经准许不得脱离军籍。作为国家古代重要兵役制度之下的产物，军户曾广泛地存在于中华大地上，在不同的历史时期表现出不同的特点。"并军合户"是指同一姓氏家族多个军户为了回避沉重兵役负担而提出的合并户籍主张。

永定县志《兵刑志》云："民所以卫兵也，自古无不设兵之天下。然民利其卫者半，民受其毒者亦半。果其有严有翼备之千日者，得收用于一朝，虽縻国家不资之费，可也。"历史学家经常站在国家兵役制度的高度去评价军户制度，但以一户普通军户人家的视角，自下而上地审视制度落地的适应性同样重要。在国家发展的经纬中，一段家族的跌宕史不过是一丝脉络，然而交织相扣，却能生之、应之、牵动之。若非族谱中的文字记载，人们很难想象军户这个身份对于汤湖赖氏家族曾经意味着什么。

"余家自遇公仕晋赐郡松阳，世为军籍。"由此可见，赖氏族人从军历史之长足，算是一户典型的军户人家。与《诗经·秦风·无衣》中描写的"王于兴师，修我甲中兵，与子偕行"的慨然豪迈不同的是，汤湖族谱中关于族人从军经历的描述发生过重大的情感变化。从自豪、黯然到愤懑、不甘、抗争，再到喜极而泣。在朝代更迭、社会变迁的复杂背景下，汤湖赖氏经历了从一户到两户、两户到二十多户、再到一户的转变。赖氏族人说，"并军合户"是攸关赖氏家族兴衰的一件大事。汤湖一脉，因回避军籍而来，因军户之忧而散，因脱离军籍之累而聚。围绕着军籍赋役，更名隐匿者有之，捐资告理者有之，典当族谱者有之，贿审作残者有之、身陷图圄者有之……椎心泣血的文字，直到今天，还能感受到那道伤疤的撕裂感。

关于赖氏家族军户史的原始记载主要源自族谱。成稿于康熙年间的族谱中，《赖氏并军合户之记》单篇独列，接于族谱序言之后、世系分述之前，显见在族人心目中的分量和地位。影印本中可见的虫穿汗蚀，尽是磨砺沧桑。汤湖赖氏家庙理事会副会长赖万安介绍说，目前他所搜集的关于家族军户分合的资料主要有赖锦于明嘉靖十一年（1532年）所录的《并军合户记》、清康熙十六年（1677）赖玠所撰的《并户附记》与2012年赖启章撰写的《明代汤湖赖氏全族"并户"运动》。赖瑫于明天顺年间（1457—1464）所书的《瑫书》，出自湖雷潘坑赖氏《经善堂族谱（序）》，是目前汤湖赖氏发现的关于"并军合户"的最早记载。几本族谱纵线脉络基本一致，可以与地方志及历史档案、图书馆资料相互验证。透过汤湖赖氏自开基祖朝美公以来军户户籍分合的基本事实和心路历程，可以窥见自宋末元初至明景泰三年（1482）军户制度的成败与社会沉浮。

二

"遇公仕晋赐郡松阳""赖标奉命剿寇，由浙而闽，有军功，驻屯古田里坪埔""标公后裔，从军数代，功勋卓著"……汤湖赖氏族人曾经那么自豪地把从军与功名、出仕等荣誉连起来叙述，可见最初对军户身份并不排斥。那些难以找到出处的"世袭直殿将军""按宋锦衣卫将军"等等，或许和"身长八尺腰大十围充为朝将军"中的"将军"一样，意思与今世不同，但也不妨碍美好的期待像汤湖露天温泉池中沉入池底的浮尘，在经年高温和气泡的作用下，形塑成为凹凸有致的"焦荷"，有了孤标独步的意义。

转折发生于宋元更迭之际。不同时序版本的清代族谱记载了同一件事："四郎公子五郎公，宋末将军，因忠宋不助大元，世袭由此而终，反有军籍""宋末恩授守殿将军，因忠宋不助元朝，世袭在此而终，军籍由此而始""因元乱，忠宋不助元，故削其世袭，反以官为军"……表述略微差异，但都表达了强烈的情感归属。宋朝遗民将不入元朝官帏视作气节，习惯于农耕文明的汉人在骨子里是排拒粗犷征战的游牧文化的，多少带点对"只识弯弓射大雕"的鄙夷。从军官到士兵，一个"反"字，道尽了心境的委屈和不甘。

唐宋时期的世袭军官和元明时期的士兵军户，待遇处境完全不同。社会稳定的时候，能成为国家有编制的兵员，衣食无忧，世袭从军自然被视作一条不错的出路。何况宋朝募兵制下的军户，没有不得改换其他行业的规定。也正因如此，才会出现宋元交替时，赖标后裔只有朝美公子孙承袭军户的情况。朝美公次子赖明佐因回避军籍迁徙汤湖定居，却是"地偏心难远"，很快被元朝官吏发现，全族复转为军户。

元朝军户分蒙古军户、探马赤军户、汉军户和新附军户。原南宋旧部归为新附军。和蒙古军户、探马赤军户不同的是，新附军人和家属的装备和口粮、盐等由国家供给，不能减免杂役赋税，也不像汉军户可以实行正军户、贴军户制。男丁三抽二、二抽一，还要负责军需、当差。但和其他军户同样适用"勾军政策"，战病死亡仍需家中男丁顶替，若无男丁，官府甚至可将寡妇配与"无妇军人"，"所生儿男，继世为军"。此举无异于挑战汉人传统观念。元朝贵族和官吏掠民为"驱口"（奴隶）的恶习，培养了高高在上的权力傲慢和敲诈勒索的贪欲。天灾人祸加上重北轻南、重蒙轻汉的做法，让军户成了社会不安定的因子，积攒的怒火很快以抗争形式喷发。

农民起义此起彼伏，腐朽的元王朝风雨飘摇。赖氏家族的男丁在生存与信念中作出不同选择，有继续追随元朝的，有参加陈友谅等其他农民起义的，也有为朱元璋的征伐效力的。那些家族成员的归去来兮，仿佛一个个散落的结点，勾勒出了社会脉动的路线图。

三

成王败寇，前朝的遗臣兵眷如同被历史车轮甩下的余孽，怀揣着对前朝效力的忠诚，忍受新朝的傲慢。曾经的功勋成了罪过，需要被宽恕、被允许依附，不管是元朝的"新附军"，还是明朝的"归附军"，"殆至明太祖平定天下，扫靖群雄，凡受陈氏劄者，皆隶军籍"。不甘命运齿轮的碾压，汤湖赖氏凡参加过与朱元璋明军作战的人员大多趁尚未收编之机纷纷外逃，有改名换姓的，有改郡号的。据赖万安介绍，明佐公12个孙子，有7个因为回避军户，先后外迁。

明朝军户制度的严苛比元朝过犹不及。朱元璋下旨：凡民、军、医、匠、阴阳诸色人户，许各以原报抄籍为定，不许妄行变乱；违者治罪，仍从原籍。他推行卫所制度，自京师到郡县，依次设卫、千户所、百户所、总旗、小旗。5600人为一卫。把土地分配给军户，换取他们为国家提供自带给养的军事服务，试图建构庞大的军事力量，牢牢掌控在自己手里。

王朝初建，朱元璋挟摧枯拉朽之势，誓要将蒙古势力驱逐出汉唐之疆，征战的队伍高歌猛进。从1370到1396年，二十多年里，朱元璋针对北元展开了十三次军事行动。军户贡献出了巨大的力量，然而，他们并没有获得应有的尊重。

明初实行更成制度，补充卫所的士兵，要从原籍征发到边疆，还要南兵北调、北兵南调。每军户须出一正军到远方的卫所，要一余丁陪同、一余丁留原籍、一继丁为替补应差。若别无壮丁，幼小儿男也要"行移该卫、照勘相同、纪录、候长成勾补"。冷兵器时代的征战，以血和生命为代价，连年的征战原本就让军户如履薄冰。屯兵戍边、征战操练也就罢了，还要承担繁重的差徭，受尽盘剥欺侮。依明代律法，民户犯罪的一个处罚方式就是发放所在卫所充军。仅这一点来看，军户如同有罪的民户。民户甚至拒绝和军户联姻通婚，以防被牵连。

初始，汤湖赖氏算是一户军户，还可以招募乡人代应，偏偏遇到了一个特殊而又不走运的年份——洪武五年（1372）。"指挥孙公讳通，奉圣旨收克南都和阳卫军"，汤湖赖氏正军"编于南都和阳卫。"而答应代替承伍的乡人，又在解送的半道上得病死了。这意味着汤湖赖氏得另外出丁应征。在明戏曲家汪道昆笔下"一军出则一家敝、一伍出则一里敝"，起解军丁赴"千里以外的卫所服役，下产半废矣；两千里之外，下产尽废矣；三千里之外，而中产亦半废矣"的背景下，哪怕是同族人，也会围绕着派谁去争执难休。

那年，明太祖第二次北伐遭遇重大挫败，数以万计的士卒死亡造成巨大的兵员缺口。所以有"县奉勘合领由贴，查明军民籍"。三房共议，"以添禄、德明存继军伍"。通联不便的时代，写族谱成了散居各地的军户维系家族传承和念想的一种方式。采访中，我从赖万安那里翻阅了清朝康熙十七年（1678）修纂的《汤湖赖氏族谱》。从中看出，同是赖朝美裔孙，一脉相传，从第五代（约元末明初）始，各房脉都没有严格按字辈取名，甚至有的亲兄弟都各取各的名，相互之间以代数来相维系长幼辈分。族谱中出现这种情况，也许是当年为应对官府户籍查稽、军户在编纂时不得已的一种做法。

洪武十四年（1381）开始推行黄册制度，"民以此定籍贯，官以此为科差"。赖氏族人借登记造册时的混乱，纷纷把自己登记为民户，包括曾被公议承军的两户："孟房起九户，仲房起七户，季房起六户，为里为甲，籍已定矣。"

没想到，平静的日子没过几年，兵部就开始进行全国范围内的军籍清理勘正，并对隐匿、篡改军籍或逃军者制定了十分严苛的处罚条例：捉拿举报者奖，知情不报者连坐、充军、入刑，还要牵连子孙，如同楔子打入了族人邻里的心脏。围绕着谁服役谁没服役，族人反目，争吵不休。一时间，"拿""复拿""举发"之事层出不穷。正应了墨子那句"今若国之与国之相攻，家之与家之相篡，人之与人之相贼，君臣不惠忠、父子不慈孝，兄弟不和调"。要求以"并军合户"来减轻兵役负担的呼声由此而起。

四

虽是大雪节气，天气却阳且暖。站在汤湖最高的明良山上，可将四周全景尽收眼底。向西南望去，蓄云推雪，黄潭河反射着亮晶晶的光芒，宛若一条"U"形的银腰带，从长堤前流过。赖奕永告诉我，河的那边是枫山村，那座红顶黄墙的祠堂后面就是原来的枫山廖家门首坪里，是推动汤湖赖氏家族"并军合户"最重要的人物赖宗仪最早的安息之地。因为修建棉花滩水库，进行了平整，原本露于地表的坟墓和周遭的房屋一样，或搬迁或被湮没于稻田之下了。刚刚收割过的稻田还残留着黑色的火烬，三三两两的牛儿赶着趟来觅食，它们可不知道逝去的时光化作了泥土，越久远越肥沃。

尽管已经过了很多代，汤湖关于宗仪公的传说还是很多，比如说他心高气傲，有点较真，又有点怀才不遇，"身无职役而有胆略"。其祖父赖懿德担任湖北宜都知县，成为汤湖赖氏第一个出仕者；父亲赖祖隆是明永乐年间（1403—1424年）岁贡，出任国子监学录，即使是这么一个家庭，也没能免除军籍。但或许也正因如此，宗仪有了其他族人所没有的眼界、心胸和豪气。为了避免整个家族因为军户一事争吵不休、亲情涣散，避免让一个家庭单独承担沉重的兵役，拖累子孙，他力主合户，让全族共同担负军户责任，不惜到官府自首，身陷囹圄二十余年，"所受刑辱莫可胜计"。《并军合户记》中记载了他发表的一番慷慨激昂的讲话，"子孙世世恩义不至睽违者可顿忘所自哉""国朝属军在前，起户在后，焉能疎族而涣情，避军而就民耶"。

明景泰三年（1452），他的努力终于有了结果，全族两百多人终于合成一户。明成化十四年（1478），永定置县之后，赖明佐七代孙赖瑨与首任县令王环沟通，在武平军所购置军田，让添德之孙元聪负责，招募顶名，"永远承担而无军籍之累。"至此，困扰汤湖赖氏近百年的军户之苦得以彻底终结。全族欢庆，决定在汤湖上坝建宗庙，合祀颖公，启用"松阳"郡。在《明史》记载的那个"户有军籍，必仕至兵部尚书始得除"的年代，并军合户对于汤湖赖氏而言，不失为最好的结局。

赖启章先生生前说：并户成功，不仅仅是让汤湖赖氏化解了沉重的赋税，获得了生存和发展的契机，也使得族人空前团结，人口呈指数增长，并迅速向周边地区扩散，成为永定县大族。同时，也使生员增加，人才倍增。汤湖赖氏在并军后出现了永定置县后的第一个进士。"科名之盛，人口之众，县中称巨擘焉。"

温家宝曾讲过"国难兴邦"。对汤湖赖氏而言，可以说是"族难兴族"。赖氏宗亲联谊总会副会长、永定区文化体育和旅游局四级调研员赖红文说："所谓族难兴族、国难兴邦。为什么赖朝美裔孙目前有80多万，占全球赖氏近三分之一，成为近800年来赖氏第一旺族？赖朝美的后裔为什么会出现这么多优秀的人物？我认为和军户有关，因为砺志，所以立志；因为承志，所以图志。这就像我们苦难的旧中国，正是鸦片战争以来的军阀混战、列强环伺，才让一批优秀的人才振臂而出，正是他们的集结，才有了共产党的诞生。"赖先生说，从抗日战争到解放战争，再到抗美援朝、抗美援越，赖氏子弟几乎参与了新中国成立以来大大小小所有战役。他这一生，最大的遗憾就是没有当过兵。

"孝父母，和兄弟"，这本该是一个家庭最简单朴素的行为准则，在汤湖赖氏，却成了世代相传的家训，何尝不与赖氏先祖那一段惨痛的教训有关？家与国从来紧密相连，国家的强盛与家族的团结相互支撑，国家的庇佑与百姓的忠诚一体两面，只有相互成为彼此的尊严，才能江山永定、百姓长安。

历史的车轮高速运转，将虚无的水分甩得干净，风干的褶皱，是时代的肌理，需要有那笔墨，一探到底。

◎ 施晓宇

汤湖赖氏始祖小传

2023 年 11 月 14 日，冬阳灿烂，我造访了龙岩永定区合溪乡的汤湖村。合溪乡原副乡长赖万安告诉我："永定区十大美丽乡村"之一的汤湖村，居住着赖、吴两姓乡亲，其中赖姓 3000 多人、吴姓 500 多人。

作为汤湖村赖氏始祖赖朝美的第 25 世孙，赖万安先生拿出清康熙十七年修纂的《汤湖松阳彭氏族谱》复印件和精心保存的道光十年《汤湖松阳赖氏族谱》原件。由于年代已久，部分族谱已被蛀虫咬噬，好在序言和关于赖朝美的记载清晰可见。

"予赖姓皆以朝美公为始祖，盖由上杭古田来汤湖也。后之子姓，但知公由上杭古田来汤湖，而古田之祖，古田以上之祖，则茫然莫知矣……追崇祯庚辰岁，合族建祠于永邑北街县衙之后，工用颇大。福州陈尚书家藏有赖氏族谱，其裔闻我族建祠，递送宗谱一本，长轴判板，字迹古苍，乃明永乐年间，赐进士隆公所修也。时通族群聚而观之，方知朝美公之前，居上杭古田，上杭古田之前则居江西赣州揭阳县赤竹坪，揭阳赤竹坪之前居松阳，松阳之前居颍川若干代，居松阳若干代，居赤竹坪若干代。由赤竹坪而散处。我祖标公一脉，迁徙至上杭古田若干代。然后朝美公自上杭古田，方迁之汤湖也。"

作为与赖朝美同年代人的陈显伯，是福州郊区罗源人，南宋宝庆二年（1226）考中进士，官至吏部尚书。两人应该是好友，不然陈显伯后人不会保存明永乐年间国子监司业赖隆所修的汤湖村第一本赖氏族谱，并于200年后——崇祯庚辰年（1640），永定县建松阳（朝美公）祠落成时，其后人特意从福州赶来送回汤湖赖氏人家，真可谓情深意长。

史载，陈显伯于1241至1252年出任长汀县令，大力扩建学舍，拨盐息筹措教育经费办学，颇得士人称赞。故南宋开庆元年（1259）修订的《临汀志》（临汀即宋代汀州，今长汀县）记载：陈尚书显伯寿祠，在县学。淳祐间，公宰长汀，有惠爱于民，广学舍，拨盐息以养士，士民德之，为立祠焉。

南宋宝祐二年（1254），太子赵禥封为忠王，陈显伯为讲官，后升为讲读，忠王赵禥称赞曰："陈先生循循善诱人。"赵禥登基后，是为宋度宗。

南宝祐四年（1256），陈显伯任考官，评取文天祥及第第一（状元），谢枋得、陆秀夫皆被取为进士。谢枋得后任江西诏谕使兼信州知府，继文天祥之后慷慨赴死，不仕元。陆秀夫后为南宋最后一任左丞相，在广东崖山海船上，身背七岁末帝赵昺（宋度宗赵禥幼子）赴海而死！南宋消亡！

话说回来，汤湖村赖氏后人实应感谢陈显伯后人馈赠赖氏族谱的无私相助，功德无量。

关于汤湖村赖氏始祖赖朝美，修纂于清朝的二本老族谱都这样记载：赖朝美，行二十郎。宋丙午、壬子两中乡举，不就元职，泰定年间徙居汤湖。初任福州闽县巡检，升武平县知县而终。葬武平县东山口，文曲朝天形。后子孙招葬老虎窠，隆庆四年用木牌迁葬水口吊钟形。崇祯七年甲戌岁冬月，孟房明扬、仲房裔文、季房佩珰，三大房裔孙倡议用银牌重修坟茔。孺人李氏、马氏合葬斗古坪下穴，真武踏龟形。生一子明佐。赖明佐，行念九郎，生于宝祐五年丁巳九月初二日亥时。

赖万安还拿出了 2012 年新修的《汤湖赖氏族谱》，关于赖朝美是这样写的："赖朝美，六郎公次子，讳觌，字朝美，行二十郎。宋丙午、壬子两中乡举，初任福州闽侯巡检，后升武平县知县而终。后裔于元泰定三年（1326）尊公为永定汤湖松阳始祖。公初葬武平东山口文曲朝天形，后于明隆庆四年用木牌迁葬汤湖水口吊钟形，明崇祯七年用银牌重修，1996 年再次重修……生子明选、明佐。""明选，赖朝美长子，行念一郎，迁居上杭城内，后裔迁广东梅州、惠州等地。明佐，赖朝美次子，行念九郎，生于宋宝祐五年丁巳（1257）九月初二日亥时……少年时跟随伯父虞观公（其第三世始迁离汤湖）到汤湖定居立业。"

新旧《汤湖赖氏族谱》对于始祖的记载有所不同，如老谱记载赖朝美是元泰定年间到汤湖定居；赖朝美生子只写一个明佐，而没有写明选。这是延续了永乐年间赖隆所修的汤湖赖氏第一本族谱的写法，很容易让人理解为以讹传讹，漏洞百出，其实不然。各类版本族谱记载有所出入，各不相同，在全国属于普遍存在的正常现象。因为中国古代交通闭塞，山川险要，道路深阻，信息交流极其困难。加上中国古代文盲居多，汉朝文盲占全国人口的

95%，清朝文盲占全国人口的 90% 以上。各地族谱的修订难免出现差异，出现错误。所以，恰恰是各地不同时代修订的族谱，不同版本族谱之间可以做到加强沟通，取长补短，信息共享，避免更多的讹传产生。

不过，我在参观汤湖村的赖氏家庙时，才知道汤湖村赖氏太始祖乃周武王姬发之弟叔颖。周武王姬发封弟弟叔颖于赖国，后代子孙遂以国为氏，赖氏迄今已传承三千多年。而叔颖的第 91 世孙赖朝美后裔，念祖思源而建的赖氏家庙，坐落于永定合溪乡汤湖村。

热心家族传承事业的赖万安先生告诉我：唐时，赖标奉旨由浙而闽追寇，有功，敕封直殿将军，驻屯上杭古田里坪铺（今上杭县蛟洋镇坪铺村）。赖朝美是赖标的十三世孙。赖朝美次子赖明佐生三子十二孙，视为赖朝美一族枝叶繁茂的基本主杆。如今，赖朝美裔孙分布五洲四海，超过 80 万人，成为 800 年来赖氏第一旺族。

2020 年举行的中国第七次人口普查结果显示，赖姓人口在全国排名第 98 位，人口约 260 万。汤湖村赖氏后裔杰出人才无数。

明弘治三年（1490），永定历史上考中第一个进士赖先，后升任户部员外郎。

清末民族英雄林则徐在虎门销烟的副将赖恩爵，后升任广东全省水师军务提督。

香港大学中文系创始人赖际熙。清光绪二十九年（1903），赖际熙在中国历史上最后一次科举考试时考中进士，授翰林院庶吉士，后授翰林院编修、国史馆纂修及总纂，1913 年任香港大学中文总教习兼教授。

赖维周牵头发动闽粤赣等地赖氏宗亲捐资，于1943年5月在汤湖村原址重建赖氏家庙，当年11月建成。家庙大门上石刻"赖氏家庙"四字，赖维周自己亲题赖氏家庙楹联："溯祖源肇西周由秦汉以迄明清屈指二十朝绵绵延延俎豆馨香今胜昔；衍宗枝在南国从浙赣而蕃闽粤计丁亿万口振振蛰蛰衣冠文物后光前。"

中华人民共和国成立后，中国共产党第九届中央委员、国家建材工业部首任部长赖际发。赖际发曾任晋冀豫军区政治部主任、太原军管会总军代表等。

还有现任西藏自治区党委常委赖蛟等，都是朝美公的后裔，值得夸耀。

2023年11月15日上午，赖万安先生陪我前往汤湖村西头一公里处的"朝美公陵园"拜谒。2019年3月2日举行盛大落成仪式的"朝美公陵园"入口处，矗立着高大的石砌牌楼和汤湖村赖氏始祖朝美公的全身石雕像。在踏上139级台阶后，1996年重修的赖朝美墓地映入我的眼帘。墓地呈吊钟型，面积约180平方米，周围苍松翠柏环绕。墓碑上刻——"松阳始祖：考朝美，行廿郎赖公之墓"。

赖万安说，赖氏始祖朝美公的原墓碑现在2020年11月重建的赖氏家庙供奉。原墓碑上刻——"松阳始祖：考二十郎赖公墓"。

永定区文旅局四级调研员赖红文先生强调的一点很重要：始祖赖朝美是中国赖氏播迁史上的标杆性人物。朝美公生前刚直不阿，有着"忠宋不仕元"的美誉。南宋灭亡后，元朝时，朝美公坚不入仕，归隐山林。如今，河南省创建古赖国文化园 2 亿多元的捐款，绝大部分是各地朝美公后裔捐赠的；汤湖村赖氏家庙重建的捐款，绝大部分也是各地朝美公后裔捐赠的。正是："祖功宗德流芳远，子孝孙贤世泽长。"

◎ 孟丰敏

赖垓和汤湖的渊源

2023 年初冬，走在汤湖的村道上，看到水沟里蒸腾的温泉正冒着热气，此时宜泡温泉。同行的作家们聊着泡温泉的快乐，看着一池的温泉在煮着两颗鸡蛋，欢乐顿时如同温泉里咕咕咚咚地冒出热腾腾的蒸汽一样。这里的温泉温度高达 63℃。据说从前某个冬天，村里的一群鸭子总是聚集到某个水洼地，引起村民的注意，由此发现了温泉。按照《永定县志》记载："李田汤，在胜运汤湖。热可熟物，旁有冷泉，可以浣濯。"后因这片温泉，村名改为"汤湖"。

汤湖村位于永定县西北与上杭县稔田镇的交界，距永定县城30 千米，群山环抱、山清水秀，交通方便，成为永定县人赞不绝口的秀丽村庄。20 世纪六七十年代，汤湖村曾是乡政府所在地。这里居住的赖姓有 3000 余人，是世界赖氏重要发祥地。

族中有一位赖垓，字元式，号宇肩，德化人。生于明万历二十一年（1593），从小聪明好学，志向远大，官至三品，为官清廉，政绩辉煌。

赖垓的一生颇为传奇，14 岁便离开家人，前往九仙山摩云洞苦读典籍，29岁登科成为贡生，34岁中了举人，35岁明崇祯元年（1628）高中进士，被任命为浙江平湖县令。他初任平湖县令时，兴修学舍，整顿盐政，减轻民负，后因文优且政绩卓著，入朝为官，在朝中任职期间，忠于职守，成为朝中重臣。

赖垓体察民情、鼎力变革、为民减负，兼擅长诗文，"文学独冠两浙"。在明朝官场，能够仕途顺利的官员并不多，赖垓为官十一年，因尽忠职守、勤于政务，终官至礼部右侍郎，管理国子监祭酒，成为崇祯皇帝的得力近臣之一。

他人生的高光时刻是代崇祯帝出使高丽、安南等地册封藩王。他以智慧谋略化解朝廷与藩王之间的矛盾，使边疆安定，因此留下众多智斗酋长藩王的传奇故事。尤其是藩王暴乱期间，崇祯帝委托赖垓临时摄政，代皇帝处理朝政七天，故民间有"赖垓封王，权君七日"之传说。崇祯为彰其功绩，擢升赖垓为"宗伯学士"，赏赐"龙袍"，恩赐"代天行玺"竖匾。

今颍川堂内依旧悬挂着"代天行玺"的匾额，匾上的字是大书法家张瑞图所书。据说这是赖垓册封藩王的事迹传到泉州时，深深触动了张瑞图。时任建极殿大学士的张瑞图已罢职归乡，隐居于晋江青阳，每日舞文弄墨自娱。他听说赖垓的事迹后万分感慨，挥毫泼墨，欣然为赖垓祖庙颍川堂书写"代天行玺"匾文。此匾被赖氏族人视为传家之宝。

那么，赖垓和汤湖村有着怎样的血脉渊源呢？这就要说到赖垓的祖先了。赖氏以国为姓，来自王姬昌（周文王）的后代，至鲁昭公四年，来源有二，一是出自姬姓，史称河南正宗；二是出自姜姓，为炎帝神农的后裔。赖垓是德化琼溪赖氏，来自王姬昌一脉。

叔颖公为赖姓太始祖。八郎公是唐僖宗年间追寇入闽赖标的后裔，其裔孙缘十二公为入德始祖，京四公为琼溪赖氏一世祖，十四公为琼溪赖氏颖川堂开基始祖。

按汤湖村的赖氏族谱记载，永定县的赖氏家族在宋末元初，从上杭古田迁到桐湖村鱼子湖（今叫田里）开创宏基，立赖朝美公为始祖。

赖垓的祖先自宋高宗绍兴年间（1131—1162），赖十四、赖十七、赖三十兄弟三人从永安迁居德邑横溪下洋，并在垵头搭寮而居。也就是说，赖垓虽不是汤湖村人，但和汤湖村的赖氏家族同属赖族关系。

南宋淳熙十六年（1189），赖氏族人请来风水师"陈朗仙"，督建了赖氏家庙——颖川堂。颖川堂中走出的人物大多"清风一袖"，令人赞赏。明嘉靖年间，赖孔身任直隶滁州全椒县儒学训导，以德励士，因孙赖垓官至三品，后被朝廷赠封为中宪大夫，全椒县县令李元龙赠其匾额"清风淑人"；赖孔之子赖爀，曾出任广东四会县县令，政绩卓著，当其离任时，百姓感其德政，崇祀为乡贤；另有曾官任海南儋州府正堂的赖光，清廉为政，以"德政风清""义行"而流芳后世。这其中最出名的人物还是赖垓。2002 年，泉州市历史研究会定其家祠为"泉州名祠"，是明进士出身、礼部右侍郎赖垓故里。

永定县的赖氏松阳祠（一说朝美公祠）是汤湖赖氏赖朝美的裔孙修建的，建于明崇祯庚辰（1640 年），1949 年为永定县政府所用，先是办公，后改为宿舍，最后毁于 1958 年。其遗址位于今永定区委右侧（面对区委）。赖垓曾为永定松阳祠书写了一副长联：

"土姓荣锡西周，封颖川，爵膺列侯，遭秦罢建而赞汉翼唐，将相辅国。传至洪永践祚，首以科第奋庸，子孙侄，先登后继，领贤书金书敕书，屡擢端良方正之士，亨选明朝，道气贯五岳，四渎水之灵，宗德源长。

郡氏宠颁东晋，改松阳，宦居古虔，构彝入夏而匡宋攘元，忠孝起家。再迁鄞汀卜筑，次由师牧蜚声，州府邑，士颂民讴，履黄堂琴堂鳣堂，拟跻锁院台阁之座，萃拔同湖，秀萼超八英，十二俊之彦，裔芬庆远。——赐进士翰林侍读学士宗侄垓书。"

赖垓的这幅长联，赞誉了汤湖赖氏源远流长、文德武功、显世声名的簪缨继世、螽斯衍庆的兴旺气象。

汤湖村的赖氏裔孙赖万安说："永定松阳祠至今已近 400 年，我们还没有看到有关该祠堂怎样气派，落成入火时如何隆重的资料记载。但根据康熙十七年（1678）《汤湖赖氏族谱》记载，一是该祠堂入火时，远在福州的陈尚书（陈显伯）后人赶来贺喜，献上珍藏的永乐进士赖隆为汤湖修纂的第一本汤湖赖氏族谱，合族欢喜，从而厘清了朝美公以上的世系，传承至今。说明汤湖赖氏与福州陈尚书一门世交至深。二是赖垓是福建名人，为汤湖赖氏后人所建的宗祠献墨赋联，说明汤湖赖氏在当时已声名远扬，深得其赞赏，也由此长联见证了赖垓情系宗宜。"

共尊一先祖，同姓一个赖，本是同根脉。明朝末年，国家动荡。国难之时，赖垓尚在京城为朝廷服务，闻知永定松阳祠建成，仍为此提笔赋联，再次印证了他忧国忧民、不忘族情的高尚情操，他也成为延续汤湖、德化两地宗情的重要人物。

红
色土地

◎ 林思翔

敢教日月换新天

——永定师范学校与汤湖革命斗争

初冬的永定山野，依然万木葱茏、满目青绿。车行永定合溪乡汤湖村与上杭稔田乡交界的长蛟里山谷中，一堵长方形的墙面映入眼帘，在蓝天碧野下展现出一抹亮丽的色彩。

下车上前看，这是一面纪念墙，是早已毁坏的永定师范学校旧址的标示。说是纪念墙，其实也是一块长方形、红石镶边的纪念碑。墙顶置四面石砌红旗，分别刻画着党旗、国旗、军旗和团旗的徽号。墙体上方"精神永存"四个大字闪闪发光。两边对联曰："汤湖人的楷模，共和国的基石。"墙体正面镌刻着"永定师范学校遗址"几个大字，还有大事记和吴仰文烈士事迹以及为革命献身的赖荣传等43名师生芳名。名字后还注明"暨无名烈士"五个大字，缅怀为国捐躯的英雄们。

纪念墙是2009年由汤湖赖际发的儿子赖纪锐修建的，意在记述90多年前发生在这所学校的革命故事，让人们不忘这所学校师生为民族独立、人民解放做出的重要贡献，缅怀长眠于这片土地上

红色土地

的革命先驱和热血青年。永定师范学校因此在"红旗不倒，江山永定"的革命史上写下光辉一页，永载史册，彪炳千秋。

（一）

这所学校何以如此令人景仰？这还得从头说起。

俄国十月社会主义革命胜利和我国五四运动的爆发，促进了马克思列宁主义在中国的传播，革命火种也在永定点燃。

设于县城的永定乡村师范学校（简称永定师范）由阮山、吴仰文等创办，校长赖少逸（汤湖人）。由于倾向国民革命运动，校方受到城内豪绅地主等反动势力排挤和打击，难以继续正常上课，遂于 1925 年秋搬迁到地处偏僻山谷、便于掩护和开展革命活动的汤湖长蛟里天后宫。天后宫始建于明嘉靖年间，为两层土木建筑，占地 1000 余平方米。

永定师范迁至天后宫后，招收的学员主要是贫苦农民子弟中的进步青年，共产党员阮山、吴仰文、卢肇西、赖少逸等在此任教。学校经常组织他们秘密阅读《中国青年》《向导》等革命刊物，组织学员讨论，还利用编唱山歌，向学生灌输革命思想。

1926 年 10 月，国民革命军东路军入永，推动了永定革命形势的发展，永定师范的师生在赖少逸、吴仰文等率领下，运用演戏、演讲、唱山歌、写标语、画漫画等形式开展宣传活动，大力宣传"联俄、联共、扶助农工""打倒列强""打倒封建军阀"等政治主张。通过宣传，不仅提高了群众对国民革命的认识，也使师生受到革命运动的熏陶，从而培养起了一批青年积极分子，赖少逸、吴仰文从中首先发展了赖际发、李立民、丘弼琴、赖俊茂等学员加入共青团组织，在汤湖西华山举行入团宣誓，成立了共产主义青年团汤湖支部，赖际发为团支部书记。这是永定也是福建省最早成立的农村团支部。永定师范成了当时闽西最负盛名、影响最大的学校之一。

在此期间，吴仰文还利用课余时间，回到合溪调吴长坪村，宣传发动群众，先后发展了吴利珍、赖炳明等 21 人为农协会员，成立村农协组织。这一时期，合溪的工农运动蓬勃开展。

1927 年，"四一二"反革命政变后，合溪地区的农民协会组织被迫解散，进步青年和革命群众受到迫害。吴仰文、赖维周等党组织领导人被赶出合溪，共青团支部不能公开活动，团员只得分散隐蔽。位于汤湖长蛟里天后宫的永定师范学校也于 1929 年停办。

永定师范学校虽然仅开办四年，却是我党早期在闽西活动的重要据点之一。阮山、吴仰文、张鼎丞曾在这里酝酿农民暴动，可以说是永定县农民暴动的策源地之一；学校培养了一大批进步青年，他们中许多人后来成为地方党组织和红军的骨干，不少人为革命壮烈献身；学校诞生了福建省第一个农村共青团支部，在共青团发展史上写下光辉的一页。

（二）

永定师范办学期间，党组织领导人经常在这里商议工作，革命活动一直十分活跃，这里的师生许多都是坚定的革命者。

1926 年 10 月 10 日，东路北伐军占领永定城，师范校长赖少逸组织 60 多名学生，参加东路军，为东征做宣传和向导。

1927 年 10 月底，中共永定县委在金砂公学成立后，积极领导各地群众的革命斗争，大力发展农民协会，带领农民走土地革命和武装斗争道路。此间，永定师范学生、汤湖团支部书记赖际发与吴仰文、李立民、丘弼琴、赖俊茂等人经常到金砂一带，与永定县委常委、分管农民运动的张鼎丞和溪南区委书记赖文舫取得联系，而后回到本地开展农民运动。在张鼎丞、邓子恢的领导下，建立了中共汤湖支部。赖维周任支部书记，党员有赖保元、赖维聪、赖传茂、赖森昌、吴意安等人。随后，在县委领导下，永定多地举行武装暴动。永定师范学校师生们积极参与丰稔等地的农民暴动。

"丰稔暴动"发生在 1928 年 8 月 19 日。

1928 年 6 月 29 日，永定暴动副总指挥、曾在师范任教的阮山带领农民武装在上湖雷打响了永定暴动的第一枪；随即，曾在师范任教的卢肇西与卢其中等人又发动了金丰暴动；永定暴动总指挥张鼎丞在金丰、湖雷暴动的策应下，亲自领导和指挥了金砂暴动，兵分三路进攻永定城，围城三天后，及时把暴动队伍撤回乡村，在金砂建立红军和赤卫队，成立苏维埃政府，开展土地革命。

在永定"三大暴动"和闽西秋暴的影响和推动下，永定有关党组织的领导人在永定师范学校酝酿武装暴动事宜，决定举行丰稔暴动，占领丰稔市。于是，吴仰文在调吴，李立民在楼岗，赖际发在汤湖，丘弼琴在连四等地，把党员和农民武装组织联合起来，成立稔田暴动总指挥部，吴仰文、李立民分别担任东西两路总指挥。

8 月 19 日，在张鼎丞、傅柏翠率领的闽西红军第五十五、五十七团的支持下，李立民、吴仰文、丘弼琴、赖际发等人，立即把各乡村的秘密农会会员发动起来，手持梭镖、鸟铳、土铳等武器，集中到官田坪"洪兴昌"店开会，随即组织丰稔、官田、石碑、上塘、楼岗、连四、调吴、汤湖等乡村农民举行暴动。这几个村虽分属两县，却彼比相连。丰稔与汤湖毗邻，原属永定，民国期间才划给上杭，农民武装对这一代地形十分熟悉。

暴动队伍浩浩荡荡，如水奔泻，所到之处都发动群众，烧毁田契借据，收缴民团枪支弹药，杀猪分田。贫苦农民欢欣鼓舞。暴动武装占领丰稔市后，枪决了民团头子李桂玉和土劣李集利、李凤、丘富金等数人，宰了土豪的猪和牛，开仓分粮，并筹建苏维埃政权。

"丰稔暴动"震惊了国民党当局。8月22日，驻上杭军阀郭凤鸣部姓俞的连长率领100多兵员在丰朗、官田、汤湖、石碑等地区民团400余人的配合下，疯狂扑向丰稔、调吴、汤湖等乡村，大肆烧杀抢掠，摧残群众。丰稔暴动武装农军奋起反抗，因寡不敌众，被迫撤离。

吴仰文、李立民、丘弼琴、赖际发率领当地农军队伍转移到杭永边山区坚持隐蔽斗争。后因叛徒赖寿华告密，吴仰文等20多人被敌逮捕，随即吴仰文被关押在丰稔市天后宫，受尽严刑拷打，他始终坚贞不屈，视死如归，表现出共产党员的坚强品格和高尚情操，最后被敌杀害于永定城南门坝。这位1924年就任永定县国民党县党部（左派）的负责人，曾经担任永定师范政治教员、创立了闽西第一个共青团支部，也是中央苏区第一个团支部，他还担任县总工会主席的革命先驱，牺牲时年仅28岁。英雄早夭，天地同悲！

（三）

吴仰文牺牲后，其余被捕的游击队员亦惨遭毒手。国民党军陈维远部又纠集两个连兵力扑向调吴、汤湖等地暴动乡村，大肆镇压农民武装，农军只好分散在各地开展隐蔽活动和坚持斗争。赖际发带领五六个农军战士突出重围后，转移到广东松口、蕉岭一带，敌人四处张贴布告，悬赏500块光洋通缉捉拿赖际发。

随即，国民党包围汤湖村，放火烧了革命群众楼房数十间，还胁迫赖际发的祖母劝降孙儿，并许诺让赖际发当营长，送他上大学读书，还可以给钱。遭到严词拒绝后，敌人又威胁要杀害赖际发全家人。赖际发告诉亲人说："不要怕，只要我还在，反动派不敢怎么样，他要枪杀我全家，我就要血洗他的门。我有人有枪，反动派奈何不得我！"

革命转入低潮，没有动摇赖际发等农军的革命斗志。赖际发最尊敬的老师吴仰文被残害，更加深了他对国民党反动派的仇恨。于是，赖际发将被打散的战士集中起来，并与上级党组织取得了联系。他率领十多个农军战士在山区坚持斗争，穿密林、钻山洞、住草棚、吃野果、竹笋、山蛇，在阴雨连绵和蚊虫叮咬的环境里坚持斗争数月之久。此后，经上级党组织批准，赖际发光荣地加入了中国共产党。

为打击敌人的嚣张气焰，为吴仰文等牺牲的同志报仇，赖际发在汤湖重新组织农民武装40多人枪，计划举行"年关暴动"，攻打丰稔市之敌。由于计划被泄露，暴动失利。敌姓俞的连长又率兵攻打汤湖，杀人放火，一些土豪劣绅也卷土重来，反攻倒算。土劣赖龙英、吴阑东等趁火打劫，纠集民团捉人烧房，500多名群众被迫背井离乡逃往异地。此时，赖际发率领部分农军战士在山区坚持隐蔽斗争，主动灵活地打击反动势力，还活捉了"年关暴动"计划的告密者"细猴子"，当众枪决，大大鼓舞了士气。

1929 年 3 月，毛泽东、朱德、陈毅率领红四军第一次入闽，在长汀击毙福建省防军第二混成旅旅长郭凤鸣，歼敌 2000 多人，解放了长汀城。同年 5 月，红四军再次入闽，解放永定，打开了全县革命斗争局面。

合溪地区发动了"永西暴动"，汤湖乡成立了苏维埃政府，赖际发被选为主席。他带领大家打击地主恶霸，开展扩红运动，为红军筹粮筹款。不久赖际发担任上杭县东五区区委书记。在攻打上杭城的战斗中，他率领农军 100 多人配合红四军攻下了上杭城。古田会议后，红军选择优秀地方干部充实部队，赖际发因此参加红军，开始军旅生涯。而后，他随大部队长征。他与秦基伟率领的"秦赖支队"，活跃在晋中抗日前线，给日军以沉重打击，为抗日胜利做出了贡献。

（四）

永定师范学校师生和汤湖人还为秘密交通线工作贡献了一份力量。

1929 年 5 月，毛泽东、朱德率领红四军第二次入闽。曾在永定师范任教、时任工农红军第七军第十九师五十六团党代表的卢肇西等带领闽西红军进攻湖雷，较好地策应了红四军解放永定县城的战斗。同年 7 月，卢肇西出席在上杭蛟洋文昌阁召开的中共闽西第一次代表大会。会议在毛泽东指导下产生了新的中共闽西特委，卢肇西被选为特委军事委员。8 月，以闽西红军为主的红四军第四纵队组建，卢肇西被任命为四纵队二支队队长。同年深秋，卢肇西陪同毛泽东在永定进行社会调查，毛泽东与他讨论了永定苏区的党政军建设等问题。古田会议后，卢肇西被任命为第四纵队政治部主任。不久，他随四纵队挺进江西作战，取得了胜利。

1929年秋，红四军攻占上杭城后，朱德便同红四军指战员一起联署写信，请已来永定指导工作的毛泽东回红四军复职，重新主持前委工作。毛泽东随即从岐岭经湖雷、堂堡到合溪，住在离汤湖不远的石塘里"师俭楼"治疗疟疾。经过一段时间治疗，毛泽东病情渐见好转，便于10月11日，由赖连璋、卢肇西等率领地方武装护送，经袍山、太拔、芦丰、安乡等地，安全到达上杭临江楼，重新回到红四军工作。

红军和红色革命根据地的不断扩大和巩固，成了国民党当局的心腹之患。为了把中央红军消灭在苏区内，蒋介石不断调兵遣将，对中共苏区发动了多次大规模的"围剿"。同时，对苏区实行严密的经济封锁。为了粉碎敌人的封锁，沟通中共苏区与上海党中央的联系，受毛泽东委派，卢肇西专程赴上海党中央所在地，请求中央批准建立一条从上海出发，经由香港、汕头、潮州、大埔、永定、上杭、长汀，到达瑞金的秘密通道。

卢肇西在上海党中央机关见到了中央政治局常委、军委书记周恩来，汇报了毛泽东等领导对开辟秘密交通线的意见，周恩来深表赞同。卢肇西回闽西向毛泽东汇报后，根据中央指示精神，在"闽西工农通信社"的基础上逐步开辟建立交通线。

这条从上海通往闽西赣南的红色交通线，被誉为"中华苏维埃的血脉"，在党组织领导下，这条交通线沿路设立了若干大、中、小配套的交通站点。

永定境内大、中、小站点均有。一站一站的交通员冒着生命危险，克服重重困难执行护卫任务。当时担任红十二军105团政委的赖际发率部活跃在闽粤边界，参与保护红色地下交通线的特殊任务。赖际发率领战士不畏艰险，凭着勇敢和智慧穿梭于白区之间，每次都出色完成护卫任务。1931 年 11 月下旬，周恩来从上海经香港赴瑞金途中在永定城作短暂停留后，由县委书记肖向荣和交通线护卫队长赖际发等人护送到合溪，在团代会上做指导性发言。汤湖村是这条交通线的外围警戒区和物资供应保障地之一，为过境人员供应了大米、蔬菜等物资。

据不完全统计，1930 至 1934 年，这条红色交通线共护送周恩来、刘少奇、董必武、张闻天、聂荣臻、叶剑英、邓小平、杨尚昆、王首道、萧劲光、张爱萍、左权、项英、任弼时、邓发、徐特立、李富春、陆定一、伍修权、刘伯承、蔡畅、林伯渠、陈云、博古、邓颖超、瞿秋白等 200 多位领导干部和一大批电讯技术人员、文艺工作者转移到中央苏区，还运送了 6000 多担苏区紧缺物资，同时传递了大量中央和地方的文件、情报资料。

不幸的是，为这条秘密交通线的建立和通行做出突出贡献的优秀红军指挥员卢肇西，于 1931 年 4 月在所谓"肃清社会民主党"中蒙冤罹难，牺牲时年仅 27 岁。

（五）

如今，90 多年过去了，烽火硝烟早已散尽，当年的革命摇篮永定师范学校也已淹没在历史深处，只有荒野中的一面标志墙傲立苍穹，让人凭吊。旧址虽已没，精神犹长存。永定师范在人们心中竖起了一座历史丰碑，她见证了汤湖人在烽火岁月里不怕牺牲、前仆后继，为革命做出的重大贡献，诉说着从这所学校走出的吴仰文、卢肇西、赖际发等革命先辈的英雄事迹。人们永远不会忘记墙面上镌刻的那一个个为国捐躯的鲜活名字和无名英雄，他们是后人的楷模，永远令人景仰！曾经的永定师范也是汤湖人永远的骄傲！

永定师范，光耀千古！

◎ 唐 颐

中央苏区共青团从这里诞生

永定汤湖村天后宫的广场上，矗立着一座中国共青团团旗雕塑，红艳艳的团旗高高擎起，风展如画。基座上镌刻着一段文字：

1926年10月，闽西第一个共青团支部在汤湖成立，赖际发当选书记，这是福建省第一个农村共青团支部，也是后来中央苏区第一个共青团支部。共青团汤湖支部高擎团旗，积极组织青年开展阅读进步书刊、对唱革命山歌、上文化夜校、加入农民协会、参军参战等革命活动，在共青团汤湖支部的影响带动下，其他地方也相继建立共青团组织，有力地配合党组织开展革命运动，在中国共青团史上留下了光辉一页。

汤湖，永定区合溪乡人口最多（三千余口）的一个村，建村近千年，以赖姓为主，被确认为"世界赖氏重要发祥地"，也是永定建县以来第一个进士赖先的故乡。现存上杭瓦子街"恩荣"牌坊，是为明代南京户部贵州清吏司郎中、汤湖人吴湘而立，其家族有着"一门三举子，祖孙十一衔"美誉。汤湖"赖氏家庙"牌匾由国民党元老陈立夫题写。

汤湖地灵人杰，古风悠悠也。

　　汤湖又是一块红色土地，赖际发是最具代表性的红色人物。他出生贫苦农民家庭，16 岁那年加入中国共产主义青年团，并被推选为共青团汤湖书记，从此高擎团旗，投身革命。1928 年他担任赤卫队长，参加著名的永定暴动，同年 11 月转为中共党员。1929 年他参加红军，参加了中央苏区多次反"围剿"战斗；1934 年参加长征，任红一军第二师后勤部长兼供给部长；1937 年调任三十一军政治部民运部部长。新中国成立后，他历任政务院重工业部办公厅主任、副部长，国务院建筑材料工业部部长，1982 年在北京逝世。

　　阅读赖际发革命一生传记，让我感叹之处甚多，其中三件事尤为深刻。

　　1932 年夏，红军独立四师师长龙普霖突然带领部队进攻南丰县城，并下令在一处无险可据之地构筑工事，准备与国民党军决一死战。这种反常的部署引起了三个团政委胡楚父、赖际发和李纯安的警觉。他们三人经过调查，发现龙普霖身边新来的副官李德贵形迹可疑，很有可能是国民党军派来做策反工作的。在红军独立四师生死攸关之际，三位团政委果断采取行动，控制了师长龙普霖和副官李德贵，迅速带领部队撤离险境。当他们回到瑞金后，经审问，真相大白。李德贵就是国民党军派来的特务，许以龙普霖高官厚禄、深宅大院和女洋学生为条件，让龙普霖把全师将士带入国民党军包围圈。龙普霖和李德贵供认不讳，经苏区法庭审判，龙普霖被执行了枪决。

　　1956 年，赖际发已担任建材工业部长，利用出差福建的机会，请假回乡探亲。其时汤湖未通公路，永定县政府为安全计，欲派县中队护送并拨马匹以供骑行。赖部长拒之，即带秘书等随行，徒步返乡，朝行夕至，至时汤湖已掌灯矣。乡亲们得知赖部长还乡喜讯，奔走相告，赖际发亦感慨万分，唏嘘不已。他盘桓汤湖数日，走村串户，嘘寒问暖。返程之际，赖际发一个在小学任代课教师的侄儿，请他帮忙转为正式教师。赖际发不同意，认为不能违反原则，要求侄儿自己努力学习，通过考试进入人民教师队伍。赖际发的弟弟看到哥哥身边带着一些公物，很是喜欢，想将之留下，赖际发也不同意，说："公归公，私归私，岂能占公为己有。"乡亲们听说之后，皆称赞赖公不愧是一名真正的共产党员。

相传，赖际发1931年任红十二军第三十五师第一零五团政委时，吴法宪曾经是他的警卫员。吴法宪在新中国成立后被授予中将军衔，曾任中央政治局委员，可惜后来犯了错误。据说吴法宪不管官居何职，见到赖际发都非常尊重，必称"老领导""老首长"。"文革"期间赖际发受到冲击，有人提议去找找当时红得发紫的吴法宪予以关照，但赖际发拒绝了。

1982年赖际发73岁，在北京逝世，走完了他共产主义信仰坚定的一生。他的墓位于老家汤湖的一座小山上，建于1987年。墓前有一座四角亭，琉璃瓦顶，顶脊正中立一宝葫芦。亭中间树立一石碑，镌刻着徐向前元帅题词："赖际发同志的革命精神永存"。

1994年，永定县教育局把合溪乡汤湖小学和汤湖初级中学合并，成立汤湖学校。时任中共中央政治局委员、统战部部长的王兆国，得知汤湖是福建省农村第一个基层团组织诞生的地方，便欣然题写"汤湖学校"校名。

从汤湖诞生的苏区共青团，在永定团史上，有许多可圈可点之处，足以载入中国共青团的光辉历程。

　　1931 年冬，周恩来同志化名伍豪，装扮成牧师、商人、画家，从上海党中央经香港、汕头等地到达永定县，准备前往瑞金。适逢共青团永定县代表大会正在合溪乡石塘村的怡谷楼召开，周恩来在永定县委书记肖向荣和县苏维埃政府主席范乐春陪同下，和正在永定视察工作的闽西苏维埃主席张鼎丞一起，参加了这个团代表大会。

　　当张鼎丞在会上宣布请伍豪同志讲话时，七八十位代表以热烈的掌声表示欢迎。周恩来即兴发表演讲，报告了当前国内外形势、反"围剿"斗争和共青团工作。演讲进行了一个多小时，生动、风趣，代表们如沐春风，心情格外舒畅、激动，掌声不断。大家深受启发教育，奋斗目标更加明确，信心更足，决心更大了。当天晚上，周恩来还参加了团县委举办的联欢晚会。晚会开得生动活泼，一直到次日凌晨一点多钟才结束。周恩来在合溪住了两个晚上，第三天凌晨四点启程，向瑞金进发，团县委书记戴镜元等人送行，"我们送了一程又一程，周恩来同志边走边给我们谈工作、学习等问题。一直送了十多里路，他一再坚持我们不要送了，我们才依依不舍地与他握别"。

　　戴镜元先后担任共青团永定、龙岩、连城县委书记。1934 年参加长征，任中央二局党支部书记。1936 年 2 月，随同李克农等到洛川与张学良商谈红军与东北军停止内战、共同抗日事宜。同年 4 月，又随同周恩来、李克农到延安与张学良再次会谈。两次会谈，戴镜元均负责机要工作。

　　1949 年 4 月，戴镜元参加了中国新民主主义青年团第一次全国代表大会，被选为团中央候补委员。

　　1950 年的一天，时任中央军委情报部副部长的戴镜元坐在周恩来的汽车里，周恩来还回忆他在合溪乡参加永定团代会时的情景，深情地说"当时的情景真有意思"。

永定县团史光辉历程里还记述了一位"全国十大少年英雄"张锦辉。张锦辉 1915 年出生于永定金砂乡西田村一个贫苦农民家庭，是张鼎丞的堂妹。在堂哥影响下，她参加平民夜校学习，思想觉悟迅速提高。她天生一副金嗓子，喜爱唱山歌，经常在群众大会上唱革命山歌，被誉为"红色小歌仙"。1928 年她参加永定暴动，负责后勤供应和宣传鼓动工作。1929 年 5 月，红四军进入永定后，她白天送信、站岗放哨，晚上走村串户宣传发动群众。她还参加溪南区苏维埃政府宣传队，成为骨干队员，1930 年初加入中国共产主义青年团。

1930 年 5 月 12 日，张锦辉参加溪南区苏维埃政的宣传队到仙师乡西洋坪村东开展宣传工作，当晚因奸细告密，被地方军阀陈荣光率 300 多兵力包围，张锦辉等人不幸被捕。5 月 16 日，正值峰市赶墟的热闹日子，张锦辉与两位同志慷慨就义于峰市下街尾天后宫前。张锦辉临刑前挺起胸膛，引吭高歌：

> 唔怕死来唔怕生，天下大事妹敢当；
>
> 一心革命为穷人，阿妹敢去上刀山。
>
> 打起红旗呼呼响，工农红军有力量；
>
> 共产万年坐天下，反动日子不久长。

15 岁就义的张锦辉被称为"福建刘胡兰"，新中国成立后，她被共青团中央列为全国十大少年英雄之一。

弹指一挥间，从中央苏区共青团在汤湖诞生，至今已近一个世纪过去。可以说，汤湖是永定乃至闽西共青团组织发轫、成长和壮大的摇篮，同时见证了福建共青团组织蓬勃发展的光辉历史，并为中国共青团增光添彩。

汤湖的这一面团旗，时刻在昭示着一句名言："青年兴则国家兴，青年强则国家强。"

◎ 杨国栋

燃烧在底层的烽火硝烟

一

逶迤蜿蜒的山道，起伏连绵的峰峦，葱绿苍翠的树木，群鸟飞翔的天空，在我的视野里构成了对闽西革命老区永定区汤湖村的极其良好的印象。秋天的美景里，所有的果实都散发着诱人的清香，处处喷发出淡淡甜甜的愉悦快慰。

然而，当我走入那段狼烟四起、烽火连天的斗争场景，那革命意志无比坚强的赤卫队、游击队、民兵队、妇女队的传奇生动故事之中时，受到的震撼无比强烈，无异于一次精神的重大洗礼。

汤湖村位于福建省龙岩市永定区合溪乡西部，距离乡政府所在地 17 千米，距离县城 30 千米，属杭永交界处，交通便利。

回首往事，言说惊心动魄的汤湖红色革命历史，完全是另外一种场景。闽西革命根据地的主要创始人之一的张鼎丞就是福建永定人，1927 年他加入中国共产党，是闽西客家大地上有着很强的宣传鼓动能力、联络能力和组织能力的革命家。他直接领导，或者参与共同领导了龙岩、永定、上杭等县的农民武装暴动。

1928 年 6 月，张鼎丞领导的永定县农民武装暴动，打响了永定红色革命斗争的第一枪，随后组织建立了县级与县级以下的苏维埃人民政府，进行了轰轰烈烈、声势浩大的土地革命斗争，并且组成了一个营的红军部队，张鼎丞担任营长。永定县所属的乡村，包括最基层的乡村汤湖村在内，当年在张鼎丞领导下的军事武装斗争中，因其地理位置特殊，特别是汤湖平民百姓深受地主富农残酷的剥削压迫，也就产生了极其强烈的打土豪、分田地、烧账簿、撕债券的斗争，继而建立了为农民撑腰的农会组织，真正地让贫苦农民翻身当家做主人。汤湖村广大贫苦农民的红色情结，就此形成。

由于张鼎丞在永定暴动中的突出贡献，特别是在其后的关键一仗，即汤湖战斗中，面对国民党反动军队和一大批乡公所的民团团丁，张鼎丞极其智慧地采取同敌人打圈圈的做法，有意识地将敌人拖得疲惫不堪，导致敌人战斗力锐减。于是张鼎丞领导的农军暴动队伍，见机行事，抓住战机，选择极为有利的地形地物，对失去了基本战斗力的乡公所反动民团进行反扑，打得敌人四处逃窜。

历任中共闽西特委委员、中共闽西特委组织部部长、闽西暴动委员会副总指挥、闽西工农红军团长、中共闽西特委军委书记，第四军第4纵队党代表的张鼎丞同志，在1929年朱毛红军进入闽西后，同邓子恢等同志一道，坚定地站在毛泽东同志一边，随后参加了著名的、彪炳史册的"古田会议"。他按照毛泽东的军事思想和作战方针谋略，先后率部转战赣南、粤东北，反击国民党军队的所谓"会剿"，机智灵活地站住了包括汤湖村在内的闽西一大片红色革命根据地。

1930年之后，张鼎丞开始担任闽西苏维埃政府主席、闽粤赣边红军学校政治委员、中华苏维埃共和国中央执行委员兼土地人民委员，同时兼任福建省苏维埃政府主席。尽管有这么多重要的职务担于一肩，工作量大到必须常常占用晚上睡觉的时间进行处理，清醒的张鼎丞同志却能够分清轻重缓急，理顺思路，有条不紊地一一组织大家共同完成，再次彰显出他超越常人的能力水平。

1934 年 10 月，阵阵秋风吹拂着中央苏区革命根据地。根据地许多革命家和指战员，仿佛被迷雾遮住了双眼，不知道如何才能够摆脱接连失利的困局，闽粤赣三省建立起来的红色革命根据地，在李德和博古错误路线的指导下导致惨败。

中央红军主力北上长征后，张鼎丞、邓子恢和项英、陈毅等同志留在闽西地区坚持艰苦卓绝的三年游击战争。在错综复杂的军事和政治斗争中，张鼎丞担任了中共中央江西分局委员、闽西南军政委员会主席。他并没有忘记名声不是特别响亮的永定县红色革命基点村汤湖，时不时地亲自走进曾经战斗过的汤湖村，同村里的村民交流如何冲破敌人的封锁线，支援困难重重的红军游击队。正是因为取得了与穷苦百姓心连心的普通人民的大力支持，以张鼎丞为代表的闽西红军游击队，获得了较好的生存空间。

二

1925 年秋天，汤湖的原野里，满满地储藏着稻谷的飘香和果实的馨香。在永定县城开办的永定乡村师范学校（简称永定师范），正好迁到了合溪汤湖长教里。吴仰文与赖少逸等人经常向学生传播与讲解国内先进的读物，时尚的理念。赖少逸和吴仰文还在进步青年中发展了赖际发、李立民、丘弼琴等人为共青团员，随即成立了共青团汤湖支部，赖际发为团支部书记，而吴仰文则成为闽西共青团组织的重要奠基者和创始人之一。

赖际发，汤湖村龙潭人，1910 年出生，读过私塾，后来一度萌生当老师的欲望，便进入永定师范学校读书。外面的世界很精彩，赖际发由于在学校接受了先进思想的教育，走上了一条红色革命道路。1926 年秋加入中国共产主义青年团后不久，升任团支部书记。

1926 年暴动失败，汤湖乡的地主富农和土豪劣绅发出布告说：共产党、赤卫队员从山上反水回来，一不杀头，二分给田地，三带枪回来的赏给 20 块大洋；否则若被逮住格杀勿论。有人听后动摇了，汤湖的革命者赖际发就去做他们的思想工作，大部分人留了下来，很少一部分人起身回家。

那是一个风起云涌的大革命时代。赖际发 1927 年回乡当小学义务教员不久，就毅然参加了农民运动。1928 年夏天，赖际发参加闽西农民起义，获得成功，在本乡担任乡苏维埃政府主席，同年 11 月转为中国共产党党员。此后他历任中共上杭东五区委组织部部长、区委书记、上杭县委委员、上杭东四区委书记。同一年，赖际发等人组织调吴、汤湖、连四等地农军举行丰稔暴动，所到之处烧毁田契、借据、账本等，赢得了广大贫苦农民的大力支持。

1928 年年末，赖俊茂等人重新组织汤湖、调吴等地的革命武装 40 余人枪，计划进行年关暴动，攻打丰稔市，却由于被一个与西华山尼姑鬼混的细猴子发觉，并向敌人告密，导致共产党组织的攻打丰稔市的战斗失利，队伍被迫撤回汤湖、调吴。

"年关暴动"失利后，国民党军俞连长又率部包围汤湖、调吴等地乡村，到处杀人放火，无恶不作，迫使 500 多群众背井离乡。

1928 年 6 月底，永定农民武装暴动前夕，溪南党组织专门派人到汤湖、调吴等地联系。于是，赖际发在汤湖、吴仰文等在调吴，准备进行再次暴动。暴动后，他们攻打了合溪民团，放火烧毁团防局。接着将队伍开往金砂古木督与张鼎丞、邓子恢领导的红军汇合。

　　因为组织上的需要，赖际发带领汤湖赤卫队活跃在打击敌人的第一线。当得知敌人调集了两个连的兵力，荷枪实弹、耀武扬威地企图进犯包围汤湖红色政权的时候，赖际发组织赤卫队与数倍之敌展开了殊死战斗。双方打得十分焦灼，敌人的武器先进、装备好、火力十分猛烈。赖际发领导的赤卫队占有良好的地形地物，又有人民群众的大力支持，加上勇于战斗，敢于杀敌的大无畏精神，连续坚持了 17 天，赤卫队伤亡 200 多人，退到永定金砂一带继续坚持山地游击战争，导致了敌人伤亡近 500 人。驻扎闽西的国民党军阀郭凤鸣旅，又增派两个连的兵力驻扎在汤湖村。赖际发考虑到敌强我弱，需要保存革命火种，便主动地撤出了战斗，进入深山老林休整。

三

　　风景秀丽的厦门，曾经是吴仰文求学的地方。他在厦门集美师范读书，就积极投身于轰轰烈烈的革命运动，与罗明等主办《星火周刊》，以"放夫"为笔名发表了一系列宣传马列主义的文章，并且加入了国民党左派。

　　1924 年夏天，吴仰文与阮山、林心尧等在湖雷成立国民党永定县党部筹备处任负责人，1925 年初加入中国共产主义青年团，同年夏天在集美师范毕业后，回乡任稔田中学和永定师范等学校教师，以教师职业为掩护，秘密开展革命活动。

1926 年，吴仰文光荣地加入了中国共产党，同年 10 月参与创建闽西第一个共青团支部（汤湖支部），此后相继建立调吴、丰稔、合调等党支部，开展农民运动，组织农民配合北伐战争。大革命失败后，他积极发动农民准备武装暴动。1928 年 8 月，吴仰文任稔田农民暴动总指挥部东路总指挥，配合张鼎丞、傅柏翠等领导的闽西红军发动稔田暴动，组建调吴红军游击队，在上杭、永定边区开展游击战争。同年 11 月 30 日，因为可恶的叛徒告密，吴仰文在调吴铁炉坑不幸被敌人抓捕。面对穷凶极恶的国民党反动派的威逼利诱，吴仰文始终扬起高昂的头颅，不肯向敌人透露党的任何机密，不久在永定城南门坝英勇就义。

四

汤湖村龙潭人赖维纪，1911 年出生在一个贫困人家，父母亲完全要靠租用地主老财的几亩瘦田维持生计。如果遇到灾荒年景，颗粒无收，地主虽然不收他的耕耘粮食，但是家中无粮可吃，只好外出乞讨。

赖维纪有一则故事发生在他参加革命的"皖南事变"突围以后。那时他被分配到新四军第七师挺进团工作。部队在皖西宿松、太湖一带开展抗日斗争，却受到国民党桂系顽固军及土顽、土伪的联合进攻。1942 年元旦，新四军在许家岭地区奋战了八昼夜，作为指导员的赖维纪和连长刘金生都负了重伤，在担架上随着部队突围。之后组织上决定将他们留在山区休养。此时，他们的处境愈来愈困难，多亏通信员小陈和小邢在阎王寨附近找到一个僻静的小山洞，把他们背进去隐蔽起来。

当地的老百姓满山遍野地寻找治疗枪伤的草药，治好了他们的枪伤，指导员赖维纪和连长刘金生带领战士们高高兴兴地追赶部队去了。

五

1933 年春天的某日，永定独立团团长刘永生同大家一道研究对敌斗争工作，突然门外传来洪亮的报告声，说是发现敌情。原来，小吴探听到一个重要情报：丰稔民团头子刘文祥将配合驻扎蓝溪的国民党中央军进攻革命苏区汤湖，还打算攻下汤湖后在汤湖建造炮楼、建筑工事、扩大白区地盘。

刘永生听了这个报告，当即吩咐小吴休息，同时找来独立团领导，共同商讨退敌之策。汤湖是革命老区，为中国革命做出过重大贡献，不能随便放弃，只有将敌人挡在汤湖之外，才能充分保卫红色村落的安全，使革命群众免遭敌人摧残。大家达成共识后，当即分头组织营连干部传达最新敌情，做好战斗准备。

刘永生认为应当先打刘文祥的民团队伍，大家一致赞同。刘永生的部队占领有利地形后，发现敌人刘文祥快要进入伏击圈，却突然停下了脚步。刘永生提醒大家沉住气，一切行动听从指挥。果然，有备而来的敌人歇了歇脚，就又开始往前行进，进入了刘永生所部设下的埋伏圈。一声枪响，刘永生直接瞄准一个民团头目。于是红军游击队个个同仇敌忾，集中火力猛烈打击民团队伍，敌人猝不及防，当场倒地一批兵卒。恼羞成怒的刘文祥见手下人乱成一团，呼天叫地，也吓得浑身打战，败退而去。

六

1934年4月，根据中央军委的部署，为牵制敌东路军的进攻，红九团开赴闽西敌后坚持游击战争，并开辟了岩连宁游击根据地。当红九团与明光独立营在转移途中路经龙岩小池公路时，遭到国民党第十师的截击，损失较大，主力突过小池公路后就隐藏在茫荡洋山上。此时，交通员与张鼎丞取得了联系。张鼎丞即派郭义为前去慰问，并要红九团转移到金砂休整。在转移途中，红九团铲除了经常袭扰金砂周围地区的兰家渡和大坪湖两股民团，随后又在永定游击队的配合下，在汤湖与敌人83师的一个连激战，击毙和俘敌50余人，再一次保护了汤湖百姓的生命财产安全。汤湖战斗结束后，部队即向金砂古木督挺进。

◎ 黄河清

荣耀传千秋

——赖荣传烈士传略

赖荣传，男，1911年春出生在福建省永定县合溪乡汤湖村一个贫苦农民的家庭里，全家靠租种地主山田及曾祖母的针线活艰难地维持着生活。每年三四月间青黄不接时，他们只能向地主借粮，等到收成时必须以借一斗还一斗半的租谷价还债。

由于家境清贫，父母根本无法让赖荣传上学，七八岁时他就到田里帮忙干活。到了晚上，赖荣传就借来别人的书，在供神桌上的小油灯下埋头攻读，直至深夜。热心的邻居和亲友们见他年小志高，聪明好学，很受感动，终于下了决心，宁愿节衣缩食，也要支持赖荣传上学，好让他将来能为"睁眼瞎"的穷人们争口气。这样，12岁的赖荣传总算进了村里的私塾。他读书非常用功，脑子也灵活，老师讲的都能记下来。他常常将从书中所学到的知识讲给姐弟和同伴们听，大家都被吸引了。

村里有个意豪叔公很会讲故事，赖荣传和同伴们都很喜欢听他讲仗义行侠、打抱不平、救穷苦百姓于水火中的英雄人物的故事，这些动人的故事深深地印在了赖荣传的心里。赖荣传 15 岁那年，意豪叔公离家外出，第二年回到家乡，又给大伙讲他去广州的见闻，讲了很多新鲜事，什么孙中山的新三民主义，也讲了他在农民运动讲习所听到的革命道理，赖荣传大开眼界，也懂得了很多革命道理。

1925 年秋，在永定县城开办的永定乡村师范学校（简称永定师范）迁到合溪汤湖长教里，以教师身份为掩护的共产党人阮山、吴仰文和国民党左派教师赖少逸等人招收学生，主要是贫苦农民子弟中的进步青年。15 岁的赖荣传考上了位于汤湖村口的永定师范学校，由于学习成绩优异，被免除学杂费用。永定师范学校被外界称为"红色师范学校"，阮山、吴仰文等人在上政治课时常对学生进行思想教育，组织学生秘密阅读《中国青年》《向导》等革命刊物，组织开展学习讨论，还利用唱山歌的方法向学生灌输革命思想。1926 年 10 月，国民革命军北伐东路军入永，推动了永定工农运动的开展。永定师范的师生在阮山、赖少逸、吴仰文领导下，通过演戏、演讲、唱山歌、写标语、画漫画等形式开展革命宣传，从而培养了一批青年积极分子。赖荣传在活动中深受影响，思想进步很快。阮山、吴仰文在积极分子中首先发展了赖际发、李立民、丘弼琴、赖俊茂、赖荣传、赖继红等人为共青团员，随即成立了共青团汤湖支部，赖际发为团支部书记，这也是闽西最早成立的团支部。

赖荣传白天在校认真读书，晚上便和共青团员们一起到乡村宣传革命道理，鼓动劳苦群众抗租抗捐，发动青年人加入共青团。同时，赖荣传等人还在吴仰文开办的平民夜校中，教青少年、妇女学文化、学政治，每晚还组织大家学习拳术、间或教唱山歌。当时主要是教唱阮山所作的《救穷歌》《土豪恶》《农民苦》《十二月里》《农民协会歌》等革命山歌。不久，赖荣传以考试第一的成绩被录取到长汀师范学校，享受免除学杂费用和食宿费用的待遇。

1928年夏，赖荣传从长汀师范毕业，他决定回到家乡与同村先进青年赖际发等一起从事革命活动。5月底，他加入乡赤卫队。6月28日，震撼八闽的永定暴动爆发了，赖荣传跟随赖际发领导的汤湖赤卫队参加了永定暴动，数千名暴动队员攻破了县城，捣毁了县衙门。永定暴动是闽西四大暴动中影响最深、规模最大的武装暴动，充分显示了永定人民不屈不挠的革命斗争精神。随后赖荣传又参加了稔田暴动，他在武装斗争中得到了锻炼，不断成长起来。

1929年5月，红四军入闽，汤湖成立了苏维埃政府，属上杭东五区，在区苏维埃推荐下，赖荣传被选送到龙岩红军学校学习。1930年6月毕业后他被分配到红四军第四纵队当宣传员，不久，四纵队改编为红十二军，赖荣传任红十二军政治部青年干事，并加入中国共产党。

红十二军在长汀整编休息了几天后，便开往江西攻打樟树。随后部队渡过赣江，向湖南长沙前进。赖荣传善于做宣传工作，一路写标语、编歌词、带唱革命歌曲，激励指战员们奋勇杀敌。长沙不克，部队取道株洲、醴陵、萍乡、安源，回师攻打江西吉安。路上有的战士情绪比较低落，赖荣传马上编了一首歌教大家唱："向前、向前。红军战士们，我们要为工农大众的翻身打下吉安城……"歌声激励了战士的士气，一鼓作气打下了吉安城。

1930年10月，蒋介石调集十万多兵力向中央苏区发动第一次"围剿"。11月初，赖荣传随红十二军经永定、平和向漳州进发，准备迂回出击东江。部队在平和县大芦溪击败国民党军张贞部杨育庭营，张贞调集所部迅速增援，红十二军便向永定龙潭、古竹进攻，但均遭失利，这样红十二军三次迂回出击东江，中途都遭到失败。红十二军立即总结教训，转战闽西各县，取得一连串的胜利，稳定了闽西苏区的局势，击破了国民党军队的第一次"围剿"。

1931年红十二军继续在闽西行动，此时由于受"左"倾错误的影响，闽西苏区开展了大规模的"肃清社会民主党"运动，一批批革命同志被关押、被错杀，赖荣传也受到了牵连，好在谭震林政委、谭政主任力保，加上在毛泽东身边管档案的老乡赖仰奎的担保，才幸免于难。

1931年9月，在粉碎了国民党军对中央苏区的再次"围剿"之后，红军新十二军与老十二军在长汀胜利会师，合并仍称红十二军，随后向永安安砂方向挺进，打击敌卢兴邦部，打通了闽西苏区与闽北苏区的联系。

1933年，为适应战争形势的需要，红军进行扩编，赖荣传奉命到福建省新兵团任政委。10月，国民党对中央苏区进行了第五次进攻，赖荣传率部投入反攻作战。1934年10月中央红军长征后，赖荣传率部留下，与敌人周旋于崇山峻岭中，不久后与其他部队会合并入红九团，吴胜任团长，赖荣传任政治部主任，坚持在岩、宁、连、永地区开展游击战争。

1935年春，国民党调动了8个正规师和民团、壮丁队、"铲共团"等地方反动武装共计十余万人的兵力，对闽西苏区进行围攻，其中围攻岩、连、宁的国民党军就有1个师4个团。敌重兵压境，情况万分危急，红九团领导人决定转战永定金丰地区，期间接连打了几个胜仗，从长汀南下时还智取了上杭县城；路经蓝家渡时又打了一仗，大获全胜，火烧了民团头子的大楼，没收地主恶霸的财产分给穷人，扩大了红军的影响。当赖荣传路过老家汤湖村时，赖荣传的父母将家里的一头大猪宰了慰劳红军战士，又动员其弟弟也参加了红军。

1935年3月，红九团在永定下洋月流活动，一天接张鼎丞信，说红八团要来会师，并要召开闽西军政会议。赖荣传立即布置做好迎接工作。4月的一天清晨，吴胜和赖荣传带着全团指战员在月流村口大路旁集合，迎接红八团。至此，红八团与红九团在下洋月流胜利会师。此时，陈潭秋以中共中央分局代表的身份在西溪赤寨召开了闽西南地区党政军负责人会议（史称"赤寨会议"），成立了以张鼎丞为主席的闽西南军政委员会，统一领导闽西南地区的游击战争。会后，军政委员会给红九团下达了一项任务：开辟永定、平和、大埔、饶平、云霄、漳浦、诏安等县边区，并与闽南红三团会合，使游击区连成一片。这时红九团的团长为吴胜，政委谢育才，政治部主任赖荣传，同时赖荣传还兼任第二分区政治部组织科长和闽西南军政委员会第二作战分区政治部主任等职。

为了扩大红军的影响，增进军民信心，更好地做好群众工作，赖荣传挑选几个骨干专门成立群众工作组，开展群众工作。不久，红九团在吴胜、赖荣传等的率领下，从永定出发，日行百里，夜宿松林，风餐露宿。行军期间，粮食常常接济不上，团首长便号召战士们挖野菜、摘野果充饥。一天，红九团开到洋河村，那里的群众受国民党反动派"共产共妻""红军杀人如麻"等欺骗宣传影响，一时不明真相，男女老少都跑光了。当时，红九团正迫切需要粮食，而群众走得匆忙，家中粮食并未带走。赖荣传亲自召开连以上的干部会，要求每个连队坚持执行"古田会议"决议，严格遵守红军"三大纪律和八项注意"。赖荣传还强调："我们红军战士要爱民如父母，要时时刻刻维护人民群众的利益。"并说："每个连队吃了当地老百姓多少米，烧了多少柴火，都要算个细账，折成现款留下给老百姓。"一连连长王直（新中国成立后任福州军区副政委，少将军衔）他们在杨某家吃了一斗三升大米，临走前留下一块银圆放在了杨家的米桶里，并留下一封感谢信。

5月初，部队到达诏安石下，赖荣传看到被烧的残墙上还有红军游击队写的标语，就知道这里曾是苏区。部队进村时，群众很害怕，不知道他们是什么军队，多数群众躲避了。赖荣传派出群众工作组，说部队就是当年的红军，并打下地主的土楼，把没收的地主浮财、粮食分给贫苦农民，群众很高兴地说是红军回来了，红军就是好！赖荣传还非常注意获取敌占区的信息，为红军所用。一次，部队打下大埔双溪区公所，缴获了一份《潮汕日报》，赖荣传高兴地说："饶、和、埔、诏边原来是红七、红八团活动的根据地，现在从报上看到这里还有红军游击队在活动，有了这个眉目，我们就有了更好的行动方向。"

在闽西南地区开展游击战争是一段艰难的历程，部队边行军边打仗，爬的是崇山峻岭，走的是羊肠小道；经常在原始森林中穿行，在芦苇荆棘中跋涉。生活条件极其困难，指战员们的米袋常空，鞋子衣服破烂，赖荣传想出各种方法为部队解决困难。他首先抓好政治思想工作，常说："摆在我们面前的困难那么多，想想日后的困难也会一个一个接着来，应该怎样对待困难呢？作为革命战士，既要重视它，又不要被它吓倒，大家团结一致就能克服。"

赖荣传十分疼爱战士，一次，部队要穿过山峦绵亘起伏、地形险要的象湖山，刚吹过出发哨子，红军战士整整齐齐排好了队待命出发，赖荣传检查人数时，偶然发现二中队的小战士洪田赤着脚，古铜色的脚板裂开，像婴儿的小口，洪田以为主任在查他站队时的姿态，身子连忙挺得笔直，两眼向前，不敢俯视。赖荣传走上去拍了拍小洪的肩："小洪，怎么不穿鞋？"

"赖主任，我的鞋跑了几百里路后，破得不能穿了，我扯下破衣裹着又穿了一天，实在累累赘赘，不如穿我妈交给我的天生的'黄皮鞋'来得方便一些。"

"你看，你把母亲给你的脚，摧残成啥样子了，怎么对得起母亲！"赖荣传边说边从自己包里取出刚从团部领到的新鞋递给洪田。

"赖主任，那不行，那不行！你自己的鞋也是破烂不堪，前头卖生姜，后头卖鸭蛋啰！"

"小洪，我的鞋子虽然破了但还有布渣，你是鞋都不见了。我这双鞋现在正闲着，你赶快穿上。"

洪田再三推辞不肯接受，赖荣传最后以团首长口吻命令："立即穿好，马上出发！"这时，洪田才不得不将新鞋穿上，两行热泪从腮帮往下淌。

一次，部队连日攀爬，终于爬上了近千米高的五峰山，快到山顶时，赖荣传发现团部通讯员杨志华的脚趾磨起了好几个大血泡，疼得头上沁出豆大的汗珠，咬着牙蹒跚地跟在队伍后面。赖荣传深知小杨素来是"吃苦不叫苦"的好青年，于是二话没说迅速背起小杨就走。

"赖主任,你也累坏了,还是让我慢慢走吧!"小杨挣扎着说。 "你是伤员,我们红军干部理当照顾,跟上队伍要紧。"

"赖主任,在家有父母疼我,在部队,你比我父母还亲啊!" 小杨激动得掉下了眼泪。

一天,部队经过秀峰墟时遭到反动民团的截击,一位战士受伤。民团被打退后天已黑,找不到民工来抬担架。赖荣传毫不犹豫地说:"我来抬。"说完和另一名战士抬起担架就走。赖荣传处处爱护战士,与战士同甘共苦,所以大家都把他当作自己的贴心人。

面临敌人的重兵攻打,在政委没有到位的情况下,作为政治部主任的赖荣传,担子就显得更加繁重。他不但要协助团长做好作战转移的大事,又要做好部队日常具体事务,他日夜操劳,不辞辛苦。一次,部队开到平和县大坝头一带,这里反动势力较强,地主、土豪在暗中活动。赖荣传不顾个人安危,带着干部深入群众,调查了解地主、土豪的情况,随后马上指示发出布告,没收了几家地主、土豪的财物,给部队解决了一些给养,使部队顺利地渡过难关。

1935年6月下旬,红九团得知国民党在平和大溪留有一个兵站和新兵连,决定消灭它。赖荣传在大会上做了关于打大溪兵站的目的意义的讲话,在座的饶、和、埔、诏县委领导深受感动,县委立即组织群众支援红九团直奔大溪,缴获了几百套军装和一万多发子弹等大批军需物资,取得了重大胜利。

1935年8月,国民党几个师以及反动民团等近十万人对闽西南游击根据地实行所谓第二期攻打。红九团由平和、南靖县境撤退,沿途遭到数倍之敌追击、堵截,红九团昼夜进行战斗。部队进到湖雷小坪水地区，又遇到敌第十师在叛徒朱森带领下进行围堵，情况万分危急。红九团领导人决定部队分散行动，吴胜、赖荣传率第一、三营以及刚从连城新泉一带前来与红九团会合的明光独立营向上杭、永定方向突围，以便到张鼎丞领导的游击根据地与红八团会师。

8月20日早晨，敌第十师包围了永定水竹里地区，但找不到目标，只是乱打枪炮。赖荣传沉着地鼓励指战员："敌人是人，我们也是人，敌人有枪，我们也有枪，我们爬山的经验比敌人多，我们的战斗力比敌人强，我们能够战胜敌人的。"由于敌众我寡，为了保全红军有生力量，赖荣传让团长带大部队转移，自己则带20多名党团员在另一个方向和敌人交火，以吸引敌人的注意力，掩护大部队突围。赖荣传和战士们坚守在一座山头，战斗异常激烈，击溃了敌人反复冲锋。突然敌人的子弹击中了赖荣传的腹部，鲜血直喷，他忍着剧痛继续指挥战斗。但因伤势太重，赖传荣倒下了，牺牲时年仅24岁。牺牲前他还指示战友们沿着山沟，找到敌人薄弱点冲出去，赶快转移，并掏出唯一一块银圆让战友转交党组织，作为他的最后一次党费。

◎ 石华鹏

老红军赖仰奎的跌宕人生

龙岩永定区汤湖村有座赖氏家庙，来此参观的人无不为之赞叹。一座红瓦歇山顶、砖石木构造的宫殿式建筑，倚山临水，巍峨耸立。宽敞的主殿与左右配殿相连，飞檐翘脊，石柱擎立，雕梁画栋，描金绘彩，其规模之宏大、工艺之精湛独秀一方，彰显出富丽堂皇的气势。

上杭和永定交界处的汤湖是一个偏远小山村，村中赖氏人口3000 余人。但就是这样一个小山村，赖氏在这里不间断繁衍了近30 代、近 800 年，迁出发展的更是不计其数，在南方各省市有赖氏聚集的地方，基本都会有从这里迁出去的后人。汤湖也因此被称为世界赖氏的重要发源地。家庙，是一个宗族的精神家园，是一个宗族后人"慎终追远"的圣地。在恢宏的赖氏家庙，我们看到了赖氏后人无论出走多远，无论地位高低，都会回归家庙认祖归宗的虔诚，也感受到了中国人"慎终追远，民德归厚"的浓厚的宗族文化传统。

一个宗族繁衍生息的声望大多来自宗族名贤。在汤湖赖氏族谱中，我看到了一份长长的赖氏名人贤士名单，名单中一个人名及其简历吸引了我的注意力：赖仰奎，甲等第二名考入福建省立长汀乡村师范学校，后在毛泽东身边工作专管卷宗。这条简短的简历有两个亮点，一是在那个识文断字机会不多的年代，一个人能考入师范学校实属难能可贵，说明赖氏家族有深厚的耕读传家、勤奋上进的传统；二是能在毛泽东身边从事卷宗管理工作，更是难得，说明赖仰奎聪明机灵，文字水平出众。那么，赖仰奎是谁？他经历了怎样的人生故事？诸多谜团包围着我，我便想一探究竟。

查阅永定文史资料，走访汤湖赖氏乡亲，尽管资料和线索稀缺，但是在毛泽东身边工作过的老红军赖仰奎的故事还是在我脑海中日渐清晰起来。

赖仰奎 1912 年出生在汤湖村一户普通农户家庭，家里虽不富裕，但节衣缩食供赖仰奎入校读书。他 1927 年高小毕业，1929 年以甲等第二名的成绩考入福建省立长汀乡村师范学校，在校学习一年后回到家乡时，家乡建立了苏维埃政权，掀起了轰轰烈烈的打土豪、分田地的革命高潮。受革命热潮的感染，知书达理的赖仰奎积极参加革命工作。

1930 年，赖仰奎由上杭东五区苏维埃派送到闽西列宁师范学习。同年 5 月，闽西开展"红五月扩大红军运动"，他积极报名参加红军，后被编入红十二军三纵队政治部任宣传员。同批参军的同乡赖荣传被分配到红十二军政委办公室工作（政委谭震林，政治部主任谭政）。当时，立三路线主张攻打大城市，因此红十二军三纵队和其他部队一起开拔到江西参加打樟树战斗，赖仰奎随之前往。之后部队渡过赣江，向湖南进发，到万载县，三纵队掉队开小差的不少。队伍经过整编，三纵队被取消，与二纵队合并，赖仰奎被调到红军总政治部秘书处机要科工作。

部队进入湖南第二次攻打长沙没有成功，再经由株洲、醴陵、萍乡、安源回师攻打江西吉安。此时，江西和红军内部大肃AB团。因肃反扩大化，当时总政治部里从井冈山下来的许多干部都被清肃。毛泽东看到肃反扩大化给革命带来严重危害，为了迅速扭转危局，将总政治部取消，与红军总前委合并，并由毛泽东兼任主任，赖仰奎仍在秘书处工作。

江西籍老红军潘望峰在文章中曾提到了赖仰奎演剧的事情。文中写道："俱乐部的任务是领导红军中的文娱工作，那时红军每到一地，凡住宿三天以上，就要布置列宁室，出墙报，挖跳高、跳远池子，教唱歌等，进行文娱活动。俱乐部的人少，演剧时经常要请总直属队各单位的人员参加。如苏区中央局的唐仪贞、刘智敏，总司令部的康克清、黄鹄显，总政的徐梦秋、李湘龄、涂超伦、赖仰奎，保卫部的钱壮飞、王立人，无线电队的王铮，卫生部的许德，供给部的赵容，以及警卫连的指战员等都参加过演出。"当时演出的剧目有《暴动的前夜》《两条路线的斗争》等，我们无法知道赖仰奎参演了哪部，演技如何。

后来，组织安排赖仰奎和冯观潮（江西信丰人）给毛泽东专管卷宗，他俩的主要工作是将每天的各种报纸报道的新闻、政治、军事、经济、史料等方面的材料，分门别类地进行整理归档，形成卷宗，供毛泽东及时查阅资料，以做研究工作方案之用。

赖仰奎曾对汤湖的干部讲过一件事儿。有一次毛泽东要从瑞金到长汀检查指导工作，赖仰奎带着卷宗一起同行。到长汀后，当毛泽东问到某一卷宗时，他却发现忘记带了，毛泽东严肃地批评他说，资料是研究问题不可或缺的宝贝，下次一定要把资料带齐。赖仰奎当时满脸通红，心里感到非常愧疚。从此以后，他把这番批评当作工作的动力，非常认真地做好每次整理工作。

成立中央苏区局时，毛泽东是中央苏区局书记，赖仰奎的工作仍然是管理卷宗。第一次全苏大会以后重新成立红军总政治部，主任由王稼祥担任。不久，赖仰奎又被调回红军总政治部秘书处工作。如此推算，赖仰奎在毛泽东身边工作的时间不太长，不到两年时间，但这段在伟人身边工作的经历仍值得赖仰奎一生去回味。

1933年，国民党第四次围攻中央苏区时，在江西黎川，赖仰奎奉命调到中国工农红军第一方面军政治保卫局，局长是李克农。赖仰奎负责技术书记，专门负责整理和抄写情报资料，他对情报战线的工作情况是很熟悉的。比如，赖仰奎在1974年就向曾在汤湖工作的干部讲述过隐蔽战线上的杰出代表钱壮飞的英雄事迹。钱壮飞是我党打入国民党情报首脑机关的重要人物。1931年4月的一个晚上，独自值班的钱壮飞得到了长期负责中共中央机关保卫工作的顾顺章在武汉被捕叛变的机密情报。钱壮飞知道顾顺章也了解自己的情况，在这千钧一发之际，钱壮飞不顾个人安危，及时将情报报告给党中央，冷静地通知中央机关和相关同志尽快撤离。钱壮飞为保卫中共中央机关的安全做出了重大贡献。再比如，赖仰奎还讲到钱壮飞还为红军打破敌人对中央苏区进行的两次围攻提供了极为重要的情报。1930年冬到1931年2月。钱壮飞将国民党蒋介石对革命根据地发动第一次和第二次围攻的命令以及相应兵力部署等重要情报，经李克农、陈赓等报告给党中央，对红军正确决策、打破敌人的围剿起了重要作用。

这些史料当时很少披露，直到改革开放后。钱壮飞的英雄事迹才被披露出来，后来钱壮飞还被评为 100 位为新中国成立做出突出贡献的英雄模范之一。这说明赖仰奎当时叙述钱壮飞的英雄事迹是准确的，同时也说明他在红军政治保卫局工作时，掌握了很多鲜为人知的珍贵史料的。

1934 年，国民党第五次围攻中央苏区时，红军总保卫局的人员去向分为三部分：一部分调回瑞金国家保卫局；大部分留在红军总保卫局；还有一部分调到刚成立不久的闽赣军区保卫局。赖仰奎被调到闽赣军区保卫局，这样他便由军队转入地方工作了。

闽赣军区管辖的只有兵力不多的地方红军游击队。主力红军长征后，闽赣军区红军游击队在江西石城和福建的泰宁、建宁、宁化等地牵制敌人四个师的武装。地方部队一直和敌人作战，人员无法得到补充，到最后只有 300 多人的一个团，这个团最后编为两个营，一个营含两个连，而一个连的兵员只有四五十人。赖仰奎被编入二营一连当文书连指导员。

后来，这些红军部队到了沿海一带打游击，最后被敌人围困在仙游和德化交界的戴云山上。结果 300 多位红军指战员全部被俘。被俘后，他们在仙游被关了 40 多天，后来又转移到漳州收容所，直至西安事变。国共合作后，他们才被释放回家。

赖仰奎回到家乡永定汤湖后，一直教书。1937 到 1939 年在汤湖小学教书；1939 到 1941 年在江西会昌县立第一小学教书；1941 到 1949 年在汤湖小学教书并担任校长。

动荡的时代制造跌宕的人生。赖仰奎的人生故事可以用"跌宕起伏"四个字来描述，读书——参加革命——加入红军为毛主席整理卷宗——打游击——被俘——回到地方教书育人，从汤湖出发，绕行一大圈后，再回到汤湖。这种被时代潮流裹挟如一叶扁舟飘荡在革命的飓风浪尖上的人生命运，令人动容和感慨。但无论怎样，赖仰奎始终把握着人生扁舟的正确方向，与中国共产党的伟大革命站在一起，即使后来称为一名基础教育工作者，他也始终兢兢业业，踏踏实实。

1980 年，老红军赖仰奎去世，享年 68 岁。

红色土地

◎ 赖珊盛

平凡一生的老红军

听到老首长的音讯，一位山区农民激动万分。

20世纪80年代，对于广大农村群众来说，获取外界信息的主要渠道就是听广播。其中中央人民广播电台的"新闻与报纸摘要"栏目，影响颇大。1979年6月底，广播中的一条新闻引起了闽西大山里的一位老农的注意。

"第五届全国人民代表大会第二次会议于1979年6月18日至7月1日在北京举行。"会议的主要议程中有人事任免事项。"会议补选彭真、萧劲光、朱蕴山、史良（女）为全国人大常委会副委员长……"

"萧劲光副委员长，那不就是我的老首长吗？"汤湖村村民赖日先激动地对家人说。

赖日先，永定县合溪公社汤湖大队社员，1913年出生，长期在大队务农。萧劲光，（1903—1989年），湖南长沙人，新中国开国大将，杰出的无产阶级革命家、军事家，人民海军的主要创建者和卓越领导人，曾任全国人大常委会副委员长。

这位大山里的老农，缘何听到萧劲光的名字，会兴奋得溢于言表？

一封封信件，牵出一段战友情

敬爱的萧副委员长如鉴：

您好。

今天，粉碎"四人帮"三年之后，值此我们闽西人民隆重纪念红军入闽五十周年。五十年前在那戎马倥偬的战争年代跟着您转战闽赣两省的小传令兵，冒昧奉函，以表心意。因为，我曾经在您身边三载，深知您的心与老区人民的心相连。您对党、对人民披肝沥胆、忠贞不渝、光明磊落、无私无畏、平易近人的高尚品质和崇高情操，铭刻在闽西人民的心坎里。五十年前在永定虎岗村跟着您闹革命的红小鬼，心里还燃烧着您点的熊熊烈火。因此，望您老人家像当年抚摸着我的小脑袋一样，能显示关怀——这是我的无上光荣啊……

追往昔，难忘的战斗岁月如在眼前。1930年5月，红军第二次入闽，热血沸腾的我报名参军。当时，我受本村团支部的派遣，来到永定虎岗村，被编入闽西苏维埃政府警卫连。从此，我背着您的文件袋，跟着您在闽西丘陵打土豪、分田地，为人民的事业而战斗。

第二年，由于反动军阀张贞部的围攻，我随您转至长汀。月余，即转到中央苏区瑞金。那时，您任红军学校校长兼政委，1932年，宁都孙连仲部"兵暴"，我又随您前往接受改编，该部改编为红五军团，您任政委，曹博生（应为赵博生）任军团长（后来曹博生同志不幸在南雄水口牺牲，为纪念该烈士，宁都县改名为博生县）。在这期间，最令我难忘的是在广昌您介绍我加入共产党组织，使我成为一名共产主义战士。

1934年我和另外一位小战士，受您的派遣，由南丰到梨川岗10里之外的村庄，负责军服加工厂工作。三个月左右，该厂遭敌便衣队的袭击，突围时，我三处受重伤（头部和两肩）。您闻讯后特地赶来看望我，当时还给我很多纱布，并亲自叫人送我到江西打油坪医院治疗。

不久，红军开始北上。由于战争环境的残酷，我和您从此失去了联系。那时我像失去父母亲一样悲痛。后来我们伤兵连在打油坪老虎山，一天傍晚受到毛泽东亲自接见，并听了简要的动员报告，要求我们伤病员留在南方，分散治疗，坚持革命。当时我们每个人还领到了五块银圆和700斤苏区谷票，尔后我们被反动军队冲散，无可奈何，又失去了和组织的联系，我只得带着伤病回到原籍养伤，从此务农，一直到今。

新中国成立后，我从报上得知您仍在继续革命，但不知您的工作单位和通信地址，一直无法向您汇报。五届人大二次会议胜利闭幕后，从报上得知您老人家身体健康，且还担任国家重任。捧着您的肖像，我们全家高兴得热泪盈眶，想念老首长之情您是深知的。今天我能够活到67岁，全家9口人过着幸福的生活，真不知怎么感谢党，诚然也勾起对往事的回忆，对于您老人家的无限想念，因此，匆此写了以上几句话，望能得到您的亲切函复，倘遂愿，就是我最大的幸福了。由于水平有限，恳请老首长恕谅。（您日理万机，料理政务实在太忙，我的请求肯定会浪费您宝贵的时间，因而自感愧疚）。

致以

崇高的革命敬礼

信的落款是"五十年前您的小传令兵 赖日先"，写信的时间是1979 年 8 月 1 日。

据赖日先的孙子赖镜坤（1964 年出生）介绍，他的爷爷听到老首长萧劲光的消息，勾起了尘封的往事，马上吩咐他写信，想与老首长见见面、叙叙旧。

赖镜坤说，当时他刚刚高中毕业，对爷爷的革命历史知之甚少。给多年未经谋面的老首长写信，真不知从何说起。谨慎起见，他建议在村里找个文化人来记录。

于是，赖日先来到了汤湖小学，找到了热心肠的吴树涛老师，由赖日先口述，吴树涛代书了第一封信。

"信是吴老师起草的，由我来书写……"赖镜坤说。当时他已经在永定合溪乡企业管理站工作，部分信纸是用单位的便用笺。"大家觉得我写的字比较工整，所以叫我抄正……"

带着期待，带着梦想，赖日先把信寄到北京。盼望老首长的回信，到村里的邮递站看看有没有来信，成了赖日先日常生活的一部分。

后来，中央军委办公厅信访处特此复函，指示地方政府关照老红军赖日先。没多久，赖日先的失散老红军身份得到了确认。当地民政部门给他落实政策，每个月都有了生活补助。

"开始是每月 18 元，后来逐步有增加……"赖镜坤说，"五老

红色土地

人员"的定补虽然不多，但更重要的是身份的认定，对其革命工作的肯定，这是老人家最为欣慰的。

相见时难别亦难，人生憾事难再见

赖日先是汤湖村中一组人。1926 年秋，15 岁的赖日先加入由赖际发任书记的福建第一个共青团汤湖支部，1928 年 7 月参加张鼎丞领导的永定大暴动，后编入溪南红军营。1930 年 12 月，萧劲光受党组织委派，通过中央苏区秘密交通线进入永定苏区，出任闽粤赣军区参谋长兼政治部主任，赖日先被组织选中担任萧劲光的警卫员，萧劲光与罗明、张鼎丞、邓子恢等闽西革命根据地领导人一道，领导苏区军民连续粉碎了国民党军对闽西苏区的三次军事"围剿"，赖日先因勇敢机智被提升为萧劲光的警卫班长，贴身护卫着首长。

据赖日先回忆，有一次在瑞金他跟随萧劲光见到了毛泽东，其机要员赖仰奎也是汤湖村人，毛泽东得知后笑着说"两个小赖都不赖"。1931 年 12 月，萧劲光担任由宁都起义部队改编的红 5 军团政治委员，在这期间由萧劲光介绍，赖日先转入党组织后被委任为黎川军服厂负责人。

不久军服厂遭敌袭击，赖日先率部抗击时被敌机枪弹射中，身负重伤，萧劲光得知后即派人护送赖日先到红军打油坪（现江西赣州市石城县大由乡）医院治疗并亲自探望了他。

治伤期间，赖日先第二次见到了毛泽东。当时红军准备战略大转移，毛泽东看望了全体伤员，动员他们留在南方进行游击战争继续干革命，为此赖日先领到了 5 块银圆和 700 斤苏区谷票。

此地一为别，孤蓬万里征。

红军北上后，打油坪红军医院被敌军打散，赖日先突围出来后再次负伤，被一好心农户收留治好伤后遍寻组织不得，无奈之下只得返回老家汤湖，至此与萧劲光同志失联。

赖日先回到村里，做起了农民。他虚心好学，除了种水稻，还跟村民的屠宰师傅学到了杀猪、杀牛技艺。

永定汤湖与上杭稔田毗邻。上杭稔田有个较大的农贸市场，附带有牛岗坪，时常有淘汰的耕牛需要屠宰。杀牛和剖肉剔骨要有一定的技术的，赖日先精于此道，所以很受欢迎。当地和周边的民众都喜欢请赖日先师傅帮忙杀猪宰牛，他也因此度过了艰难岁月。

汤湖村里有个公共温泉池，劳动之余，村民们喜欢泡温泉解乏。

与赖日先一起泡汤的乡亲看到他的前胸后背都有伤疤，会问起伤疤的来历。他只是淡淡地说："被枪打的……"

"文革"时，赖日先被造反派说成叛徒，好几次竟被人挂上牌子批斗。一个昔日的老红军战士，竟然在乡亲们面前大丢面子，让他十分郁闷。

"我是跟着共产党去闹革命的，打土豪、分田地，跟着革命队伍先后在闽西苏区、赣南苏区工作，为了革命差点牺牲，身负重伤没有跟上队伍，只好返回家乡谋生，至今还带着一身伤疤，我从来没有做对不起党和人民的事情，怎么会是叛徒？"

在古稀之年，赖日先有了失散老红军的名分，心情舒畅。

赖日先育有一子一女，外加一养女，一脉相承有10多个人，家庭和睦、家族兴旺、子孙满堂，他十分开心。他经常跟儿孙们谈起参加红军时的故事，他常说的话是"为了革命，为了今天的幸福生活，流血流汗，值！"。

"已经过了二三十年了，我爷爷没有留下什么东西，他讲的故事也模糊不清了……"赖镜坤道。

1993 年，瘫痪在床三年的赖日先，在一个夜晚平静地去世了。度过了八十个春秋的赖日先，就像山中的油桐树上的一片叶子，到了落叶的季节，就飘飘洒洒在空中画个弧线，轻轻地落在地上，风中雨中，回归大地，悄然无声。

"比较遗憾的是我爷爷没有收到老首长的亲笔回信，也没有机会再次见到老首长，我想这也是他平生中最为遗憾的一件事情……"赖镜坤说。

◎ 赖红文　赖文荣

"皖南事变"中突出重围的汤湖英雄

汩汩流淌了千年的汤湖溪，弯弯曲曲地从村中心穿过后奔向远方、奔向大海。

汤湖溪在村里留下了不少有大有小、有急有缓、有深有浅的水潭，其中有个名字听起来很贵气的水潭叫"龙潭"，龙潭上面的小自然村也被叫作"龙潭面上"。赖维纪就出生在这个小自然村，1911 年 1 月出生的他命运坎坷，在那个动荡、悲苦、凄惨的年代，住在龙潭面上却一点也不贵气，带给他的只有穷气、苦气、闷气、火气！命运也如汤湖溪一样曲折！同样出生在龙潭面上比他大一岁、按辈分却大两辈的赖际发，与赖维纪成了好兄弟。两个发小在相互帮助、相互搀扶中渐渐长大，熬到 1925 年。汤湖人赖少逸校长把永定师范学校从县城迁到了汤湖长蛟里，在赖少逸的支持下，这个闽西最早一批开展革命活动的地方，永定早期的共产党人吴仰文、阮山、卢肇西、张鼎丞等人在学校里秘密进行着伟大而神圣的事业，赖维纪跟着赖际发从师范学校里第一次知道了中国有个组织称为"共产党"，也知道了这个组织是为穷人谋幸福的党。

1926 年秋天的一个深夜，在师范学校的教室里，煤油灯跳动的火焰映照着一张张年轻稍显紧张但又坚毅的脸，红彤彤的脸、红彤彤的团旗、红彤彤的心，举起的手臂像森林、像梭镖、像枪支，宣誓时吼出的声音像滚滚春雷、像隆隆炮声、像滔滔江水。从此，八闽大地上第一个农村共青团支部诞生了！这个团支部也是后来中央苏区范围内最早成立的共青团支部！被选为团支部书记的赖际发紧紧地握着赖维纪的手用力摇了摇，赖维纪则用坚定的眼神回应着兄长般的发小。高举团旗跟党走，成了这帮热血青年们的铁血决心！多年以后，赖维纪回忆说，那天晚上他仿佛重生了一样，从此下定决心永远跟着共产党为老百姓打天下。赖维纪投入了轰轰烈烈的大革命运动中去，先后参加了永定大暴动、稔田暴动、汤湖战斗、护卫中央红色交通线、铲除叛徒等斗争。

1929 年毛泽东、朱德率领红四军入闽，解放了长汀、龙岩、上杭、永定、连城等地，使闽西苏区获得了巨大的发展，过去被零割的游击区也连成一片了，永定的革命运动翻开了新的一页。5 月 25 日，毛泽东率红四军第二、第三纵队来到永定县城，5 月 27 日在县城南门坝万人祝捷大会上发表了讲话，赖维纪跟着赖际发带着赤卫队员警戒会场，这是他第一次见到毛泽东。当年 10 月上旬重阳节（客家人称九月节）期间，他在合溪师俭楼又一次见到了毛泽东，这次他是作为永定派出的警卫人员参加护卫毛泽东的。有一次毛泽东散步碰到正在放哨的赖维纪，还和他聊了会儿天，知道他的家乡汤湖有温泉后毛泽东很感兴趣特地问赖维纪到汤湖有多远，得知要走近二十里山路时，身体有疾、本想去泡汤的毛泽东只好作罢。不久，毛泽东离开合溪去了上杭回到红四军，恢复了前委书记的职务，挑起了重整红四军的重担。这两次见面留给赖维纪非常深刻的印象，毛泽东身材高大、待人和气，目光很坚定、很锐利，就是觉得他的讲话带着浓重的湖南腔，赖维纪听起来很费力。

1931年12月中旬，周恩来路过合溪住在孟良公祠堂，赖际发、赖维纪带着苏维埃游击队员跟着闽西苏维埃主席张鼎丞、永定县委书记萧向荣也一起来到合溪，当天永定团代会就在孟良公祠堂召开，周恩来在会上做了发言，赖维纪有幸在现场聆听了讲话。

1932年2月赖维纪参加丰稔区苏维埃游击队，任队长，1934年2月加入中国共产党，先后担任汤湖乡苏维埃政府秘书兼团支部书记、闽西南交通站交通员、区苏维埃政府副主席。

1934年11月的一天，已是红一方面军二师供给部长兼作战后勤部长的赖际发骑着快马带着警卫员在上杭稔田找到赖维纪，告知他红军要战略大转移，组织上决定把赖维纪留在当地进行敌后的革命斗争，并给他留下了5块光洋、一把驳壳枪以及和组织的联系方式，鼓励他一定要革命到底、革命一定会胜利，言毕两人紧紧拥抱了一下后赖际发策马扬鞭而去。望着绝尘而去的赖际发，赖维纪眼里流下了热泪，他没有想到的是两人再一次见面时已是22年后了，其时是1956年的国庆节，任福建医管局第一康复医院政委的赖维纪来北京出差，顺便去了趟已是建材工业部部长的赖际发家里。一见面两人热泪盈眶地紧紧拥抱在一起久久没有放开，当晚两人又聊到东方发白，各自把红军长征后的事诉说给对方。两人都感慨万千、唏嘘不已。赖际发和赖维纪这对发小，自参加革命起就把生命置之度外，从来没有想到能活到新中国成立，一个成了共和国的部长，一个成了开国将校，他们都是汤湖的骄傲、汤湖的英雄！

红军长征北上后，赖维纪追随张鼎丞、邓子恢他们留在南方进行了艰苦卓绝的敌后三年游击战争，英勇奋战、出生入死，为革命做出了重要贡献。据赖维纪回忆，有一回他奉命带一个班去侦察敌情，结果遭遇敌军大部队，寡不敌众之下仓促应战，打到最后只剩赖维纪一个人，他拼死抵抗后成功脱敌。但等到他回到营地时却发现部队已经撤离，在找不到部队的情况下，他仍然孤军作战，躲在山上，饿了就吃竹笋、老鼠，渴了就喝山泉水，晚上住竹寮或者山洞，以惊人的毅力和坚强的信念，在与敌人周旋了三多月后在接头户的帮助下，伤痕累累、疲惫不堪、衣衫褴褛、弹尽粮绝的赖维纪终于重返游击队。

1931 年"九一八"事变，中国人民开始了伟大的抗日战争。1936 年 12 月 12 日，爱国将领张学良、杨虎城发动了著名的"西安事变"，结束了内战，促成了抗日民族统一战线的建立。赖维纪所在的闽南红三团被改编为新四军 2 支队 4 团，老领导张鼎丞担任支队司令员，卢胜任四团团长，他任 2 营 6 连班长。北上到达云岭之后，赖维纪被选去教导队四队学习。结业后回到 2 支队，先后任 4 团 2 营 5 连副排长、排长，3 团 1 营 2 连副连长，3 团机炮连副指导员。1938 年 4 月下旬，他跟随二支队副司令粟裕在江苏镇江的卫岗伏击日军，取得了新四军第一场抗击日寇的胜利。后来赖维纪又参加了横山战斗、官陡门战斗、郭庄庙镇战斗、云台山战斗等，在抗日战争中立下赫赫战功。

1941 年 1 月，国民党第三战区反动头子顾祝同纠集了嫡系部队和东北军、四川军等近十个师约七万人的兵力，从四面八方一层又一层地堵住新四军东进北上抗日进军的道路，在茂林南三十余里的铜山，国民党反动派向新四军先头部队打响了第一枪，震惊中外的皖南事变自此爆发。此时已调到二支队 3 团的赖维纪随部队作为中路纵队，护送军部、军直机关及教导总队北移。当部队向石井坑附近敌人前沿阵地发起攻击时，赖维纪目睹了叶挺军长威武地出现在阵地面前，精神抖擞地向同志们讲话："同志们，我们新四军是革命的军队，是人民的武装。为了抗日，为了人民，我们赴汤蹈火，在所不辞……国民党反动派卑鄙无耻，他不打鬼子，反而来打我们……同志们，现在是我们每个人献身革命的时候了，让我们为革命、为无产阶级流尽最后一滴血……"叶军长慷慨激昂的讲话，激动着每个战士的心，尤其是他最后那句话，成了全体指战员向党、向人民发出的誓言，大家都抱定一个意志：不管反动派如何毒辣、多么疯狂，新四军哪怕是剩下一人一枪一弹，也要为东进北上抗日打出一条路来，为无产阶级流尽最后一滴血！战斗打响后，在敌众我寡的形势下，全体将士奋战数日，建制被打乱，人员被打散，赖维纪在连长、指导员都牺牲了的情况下，身为副指导员的他身先士卒、机智灵活地带领剩下的战士历经艰险突出重围，胜利到达江北无为地区。据赖维纪回忆，突围期间有次非常惊险，国民党兵把他们围了个水泄不通，情况万分危急，赖维纪灵机一动命令司务长从袋子里抓出几把银圆抛了出去，趁着国民党兵哄抢银圆混乱时带着战士们冲出包围圈，终于脱险。还有一次，赖维纪带着二十几人的队伍在突围中已经 3 天没吃东西，战士们又累又饿，眼看快撑不下去了，赖维纪心急如焚，不得已的情况下，尽管危机四伏他还是带着两名战士冒险出去寻找粮食。他们刚好碰见一个国民党传令兵牵着马在河边休息，便迅速冲上去俘虏了传令兵，把马牵回来宰杀给战士们美美地吃了一顿，更重要的是从传令兵的文件袋里获悉了国民党的调防消息，赖维纪领着战士们趁机从国民党的调防空隙冲了出去。

皖南事变突围出来后，党中央重新组建新四军，赖维纪先后任挺进团1分队指导员，7师56团1营3连指导员。1942年元旦，赖维纪所在的部队在皖西许家岭地区遭敌人围攻，在战斗中他左臂和右下肢被炮弹炸伤，战后与受重伤的连长刘金才一起留在山区养伤。他们被当地老百姓隐藏在一个山洞里四个多月，乡亲们送医送药、送吃送喝，与当地老百姓结下了深厚友情。赖维纪伤愈归队后回到7师，任20旅58团学兵队代指导员，同年8月，到干队学习，后历任师直机关总支书记、特务连指导员、沿江支队部指导员、教导队学员、19旅卫生部指导员、师直机关总支书记、特务连指导员、沿江支队部指导员、教导队学员、19旅卫生部指导员等职。

解放战争时期，赖维纪所在部队北撤山东。1946年，他任山东野战军指导员，师长是杨国夫、政委是周贯五。他先后参加了朝阳集、泗县及保卫淮阴、莱芜、孟良崮和临朐等战役。后来赖维纪奉命担任19旅后方留守处指导员、特务营教导员、1营教导员，1948年被提任三野25军73师炮兵营教导员、师部直工科科长、华东军政大学第1纵队1团二大队学员。因多年征战，赖维纪身上留下了7个弹孔，导致行动障碍。

中华人民共和国成立后，赖维纪任三野第8兵团25军新兵1团政治处主任，军长是著名战将成均，政委是黄火星，淮海战役结束随即参加了渡江战役，后又南下福建。1952年7月，25军撤编，赖维纪调任福建医管局第一康复医院政委。1955年全军大授衔，赖维纪以正团职获授上校军衔，其爱人以连职获授中尉军衔。1957

年12月，赖维纪转业到地方工作，历任福州第二化工厂筹建处党总支书记、党委副书记、副厂长，1979年调任福建省化工局办公室副主任，1983年3月离休，享受正厅医疗级待遇。

赖维纪于20世纪50年代回了趟老家汤湖，80年代又回了一次家乡，在招待所住宿吃早餐时，服务员待他当作普通的旅客，赖维纪毫不在意，等到当地领导赶到时他已经吃完饭了，当地领导对此表示歉意，赖维纪笑着说，比起当年打游击不知好了多少倍。

1998年3月20日，赖维纪因病在福州逝世，享年87岁。

◎ 马星辉

萧婆太的故事

一

天高云淡，初冬暖阳。

癸卯年农历十月，福建省炎黄文化研究会、省作协联合采风团作家们走进永定采风，专访汤湖村，探寻客家赖氏文化之渊源。

汤湖只是一个村，但文化底蕴却甚是深厚。据史料记载，汤湖为客家人赖氏一族的发祥地。赖氏先祖六郎公生虞观、朝美、朝英、朝奉诸子，其中虞观公、朝英公以及六郎公弟八郎公，皆曾在汤湖居住，后转迁至各地繁衍。上述诸公播衍到各地的后裔合计超百万之多，占世界赖氏近一半，其中尤以朝美公后裔最多，达80余万之众。

泉眼无声惜细流，树阴照水爱晴柔。

汤湖村是赖氏名副其实的重要发祥地，分布在粤、闽、赣、浙、桂、川、蜀、鄂、广、海南等地。如今的汤湖赖氏家庙已然成为赖姓宗亲的朝祖之地与日渐显盛的文化品牌。

二

萧婆太是汤湖的一个传奇女性。

　　且说在 700 多年前的一天，通往汤湖的山道上走来一个身材结实的中年人，他身穿旧蓝色长衫，肩搭着一个前后连片布袋。此人看上去相貌平平，平眉细眼，但精神却是十分抖擞，投足举止间显得与众不同。他时疾时缓，时缓时疾，走走停停、停停走走，聚精会神，目光炯炯，四处扫视个不停，察看得极为仔细，也不知他在寻找着什么。

　　此人不简单，他便是萧婆太后来的公公，赖家的朝美公是也。他名觐，行二十郎。南宋理宗淳祐六年（1246）丙午科、淳祐十二年（1252）壬子科两榜举人，出任福建省汀州府武平县知县。他因忠宋不仕元，亦与当朝奸臣不合，便挂印辞官，云游赣闽粤等地。他得有国师之称的赖家先人赖布衣善察风水地理的秘诀，所以喜在云游的同时看山看水看风云。

　　此时他在连绵起伏的山岭里，看到汤湖此地森林茂密，气候温和、土地肥沃，是块不可多得的风水宝地。他心中暗想，自己有意隐居泉林，若在此屯垦开田，必将有利子孙后代。于是，告诉儿子赖明佐，将来你们可以迁到汤湖定居。

　　虽说汤湖地处偏僻之隅，远离了人烟稠密的集镇，遗世而独立，但却是牛背横笛放荡骑，春风拂拂意迟迟，有着另有闲天地、说与旁人恐未知的韵味。端的是一个山清水秀、恬静安详的好地方。所居不过是简屋竹篱，所享不过是布衣蔬食，年复一年，日出而作，日落而归，但与世无争，无忧无虑，乐在田园之中，有说不尽的悠然自得。朝美公一族从此在这里繁衍生息，发扬踔厉。今汤湖赖姓全为朝美公之后裔。

　　却说朝美公有明选、明佐二子，皆有教养、为人正直、心地善良，在乡邻中端的是好口碑。尤其是明佐为人忠厚率诚，知礼善为，其妻萧氏贤惠明理，勤俭持家。夫妻二人平素立身有品，不取非义，不欺暗室，与人交往诚信为本，尊老爱幼，童叟无欺。若遇到乡间邻里谁有个困难之时，他们能挺身而出慷慨解囊，尽力帮忙资助，为他人解忧济困。

赖明佐威望有加，口碑有赞，这离不开夫人萧氏的贤惠相辅相成。萧氏原先是大户人家的女儿，自小接受中国传统文化教育，知书达礼，恪守妇道。她不仅长得端庄清秀，有大家闺秀之风范，而且有女中豪杰之气质。她性格刚强但不好胜。乡人赞她做事干练，说话有理，办事公道，和善邻里。乡邻若有纠纷之事，都乐于找她出面评定解决，她以理服人、以情感人，故而深得村里人敬重和信赖，很有话语权。当地人把她的话叫"话得"，极有权威性。晚年的萧氏更是威望有加，一言九鼎，声名远播四乡百里，众人都尊称她为萧婆太。

接待作家们此行的赖红文是永定区文旅干部，亦是权威的地方文史专家。他说："萧婆太乐善好施，讲究礼仪，是个具有'孟母''岳母'风范的母亲。为此村民们极是推崇她与赖家的门风之范，都以敬天地、奉祖先、孝父母、和兄弟、重夫妇、教子孙、睦宗族、待乡邻、慎言语的赖氏家训十则为遵循的榜样。"

三

汤湖村赖姓是村里的大姓，亦有刘、张、温、廖、吴、王、李等其他姓氏。众姓和睦相处，友善为邻，不分畛域，通婚、交往和洽，共同在汤湖栉风沐雨、垦土开田、植杉种茶，肇基于林壑溪谷之间，繁荣乡里，使得汤湖有"万点青山万户烟"的盛况。尤其是在萧氏的影响下，汤湖尽显民风淳朴、春风化雨、安宁其乐的景象，让四乡的外村人羡慕有加。

但也有例外，汤湖村有一个叫李北秀的人，生性狡诈心狠，他与上杭大山中的土匪头"黑熊"有暗中来往，只是鲜为人知而已。这李北秀平时就忌恨赖明佐比他经商有道，只是藏在心中未说出口而已。

这年的中秋，赖明佐与李北秀二人结伴同行，外出做农产品买卖。赖明佐又一次赚得盆满钵满，在请李北秀小酌时，赖明佐无意间的言语让李北秀感到十分不快，对赖明佐的平时积怨不由顿时涌起，更加之见财起异。寻机在太拔的文水宫杀害了赖明佐，劫走银两后惶惶逃避于他处，有意在十余日后才回汤湖。李北秀自以为做得神不知鬼不觉，但没想到的是他的行径却被一个同样是在外做单帮的生意人无意之中看到，只是此人生性胆小、怕惹是生非，祸起萧墙，不敢吭声而已。

赖明佐被害，惨死在他乡。其妻萧氏闻讯后如雷击顶、悲痛欲绝，但苦于不知凶手是谁。事隔半年之后，这位胆怯之人在一次酒后说起了此事，有知情者悄悄告之萧氏，言赖明佐被害当晚与李北秀在一起饮酒。但次日一大早，李北秀就不知去向。

萧氏先前亦知丈夫是与李北秀一起外出做生意，曾问过此事，但李北秀说半道上二人分手各去各方，对赖明佐被害之事仰天长叹，痛心疾首。现今萧氏知后欲要告官，但知情者不愿出头露面。萧氏苦无证据，只得无奈作罢。没多久，这李北秀得知自己所行恶事被人知之，惶恐不安，便离开汤湖村，投奔了上杭大山中的黑熊土匪帮中躲藏。

其时，赖明佐的三个儿子显佑、显益、显吉尚幼，萧氏只得忍悲负重，直到将三显兄弟养育成人后才把真相告之儿子们，赖家三显兄弟寻到李北秀，手刃仇人。事后萧氏领着三个儿子主动到上杭县衙投案自首，言明事由的前后经过。那县令当即拘了当年的知情者前来，严厉拷问后，案情经过才真相大白。县令对萧氏大加赞赏，言她忍辱负重，且教育有方，真可谓是：节烈风范，慈怀诲子，懿德流芳。赖家三显兄弟替父雪冤，有勇有谋，不但无罪，亦当表彰。

后来三显兄弟皆励志有为，子孙绕膝，孝德名扬乡里，传为佳话。三显兄弟也成为汤湖赖氏三大房的脉祖，其裔孙人口目前超80万。

历一史一传一说

◎ 苏　静

平生心事皎若天

　　立冬过后的寒衣节那天，我第四次踏上闽西的土地，这趟去的依然是一个位于大山深处的小村庄。

　　小村名汤湖，乃永定置县以来第一位进士赖先的出生与成长的地方。赖先故居位于黄潭河的支流汤湖溪畔、赖氏家庙南侧。此刻，初冬的暖阳照在故居的裸墙之上，一棵高大的桂花树屹立在院落中，正散发出阵阵馨香。在这个世外桃源般的村庄里，我感受到了历史文化底蕴的厚重。这里的一草一木，一砖一瓦，似乎都在诉说着这位汤湖赖氏标杆性人物的昔日荣耀。

赖先晋甲开先河

　　汤湖，位处龙岩市永定区合溪乡境内，这个出天然温泉的地方，孕育了许多才子佳人。在明清两代，这里科甲之盛一时传为佳话，成为（上）杭永（定）的一个传奇。而这一切，都离不开一位人物——赖先。

　　明孝宗弘治二年（1489），汤湖人赖先以书经中式己酉科第十三名举人。次年，已步入不惑之年的他赴京参加殿试，"先声夺人"，榜列二甲四十八名，开永定科举得中进士之先河，成为永定置县以来的第一位进士，史称"赖先晋甲"。

赖先字伯启，号中峰，明代宗景泰元年（1450）生于胜运里汤湖村中坊自然村（今合溪乡汤湖村中一组），自幼聪慧好学。汤湖自古出温泉，当地至今还流传着赖先泡温泉读书的故事：因为汤湖以前冬季天气寒冷，夏天又有很多蚊子，所以赖先就经常点松枝火躲在温泉池里读书，十分勤奋。

赖先不仅是才子，更是一位孝子。得中进士不久，他即以双亲年迈需要侍奉为由，请准回乡孝养。一直到弘治十一年（1498），方被授予户部主事，署理郎事，这事在明万历四十八年（1620）《闽书》有记载："赖先，举进士，念亲老乞归养。久之，始为户部主事……"任内，他负责管理边疆事务，支应边防军饷，督查钞关，收管京仓粮食，清理四川屯田，素以廉洁干练著称。尤其在革除浒墅钞关积弊一事上，更是展现了他的智谋和勇气，为民众所称颂。原来，早在明宣德四年（1429），朝廷就在各商运中心地点设关收税，以"钞"（纸币）交纳，谓之"钞关"，常州浒墅关即为其中之一。按浒墅钞关税则规定，凡5尺以下船身宽度的过往商船免征税，然关吏为中饱私囊，上下勾结，不论大小船只，一律征税。赖先查得实情，严饬关吏按章办事，并特地在支港用石头建造了一道可容5尺以下小船通过的闸门，让此类小商船自由来往，不受盘查。只有那些不能通过闸门的大商船，才须照章纳税。历年的积弊从而一扫而清，商旅莫不称便，赖先的为官声誉也随之提升。

历史传说

为保气节辞官回

赖先因革除浒墅钞关积弊有功，展示了他的才华贤能，旋即升迁为户部员外郎。然时运不济，正德初年，正值宦官刘瑾恃宠专权，横行不法。当时朝廷规定京官中养病者可以致仕，以至许多在京的官员都借此托病纷纷辞职。而赖先为官清廉、守正不阿，不免遭其忌恨，遂也托病辞职回乡。正德五年（1510），刘瑾被诛杀，铨部（古代主管选拔官吏的部门）多次下令劝其回去复官，皆被他婉拒，他不想因为权臣的变动而改变一贯的立场和原则。直到正德八年（1513），赖先才得以重新赴任常德知府。

谁料赖先再次遇到了类似的困境。当时常德郡内百姓生活窘迫，又正值修建荣府之际，宦官的索求极为苛刻。对此，赖先不予理睬，而是痛下决心，大力裁减索求，为百姓谋福利。他历来不屑于阿谀奉承，常得罪当权者，这就再度触怒了阉党。为保持自己的气节和尊严，最终他选择了急流勇退，卸任归田，从此绝意仕途，淡出了官场。

赖先在常德知府任上有惠政，深受百姓爱戴。史料记载，当年他辞官返乡时，常德士民出城相送，悲痛不已，依依难舍，如失父母。

兴修水圳泽后人

尽管离开了官场，但赖先并非"两耳不闻窗外事"。在培丰镇，至今流传着"老赖圳"的故事。水圳，这种人工修建的灌溉体系，宛如大地的血脉，滋润着万顷良田，同时也承载着泄洪的重任。如今，培丰镇长流村东边半山腰上，一条蜿蜒曲折的游龙仿佛在树丛中舞动，它便是那条赖先亲自筹资修建的水圳。

赖先为官后在永定凤城建有五马第，辞官赋闲期间，在丰田里（今永定区培丰镇）洪源村执教数年。在教书育人之余，他发现距离栖居地不远的长流村严重缺水，良田旱荒，于是毅然自筹资金，开通一条从寨背炉瀑布溪流到西山头全长5000米的水圳。水圳修成后的一天傍晚，赖先沿水圳往西行走登上长流山，当他看到波光粼粼的渠水时，心情分外舒畅，不禁雅兴大发，吟咏起晋代文学家卢谌的《赠崔温》的诗句："平陆引长流，冈峦挺茂树。中原厉迅飙，山阿起云雾。游子恒悲怀，举目增永慕。"穿过几个山坳，到了西山头，极目远望，一片良田郁郁葱葱。此刻正值薄暮时分，赖先再次吟哦唐代杜甫《薄暮》诗中的两句："江水长流地，云山薄暮时。"赖先吟诵的两首诗都含有"长流"，随从人员就说，好一个"江水长流地"，太守啊，现在可是"渠水长流地"啦！长流儒士陈雅年当年曾说，长流村之地名，其实就是赖先所取，而他主持修建的水圳已成为长流村的一个重要标志。以至于长流人至今不忘赖先的恩德，便将那条水圳称为"老赖圳"。

"临漳水之长流兮，望园果之滋荣。"有人说赖先在长流村为了兴修水利，或许也做过违心的拆迁之事，不然为何他曾吟咏"拆屋化成河，恩多怨也多。百年千载后，恩怨两消磨"？但这已经不重要了。赖先解甲归田后居五马第，以行谊率乡人，以学问淑后进，以孝义教子孙，以家礼变时俗，兴修水圳，福泽桑梓，成为赖氏族人之楷模。赖先字伯启，巧合的是，与之同名不同姓的元代文学家曹伯启（字士开）在《孟光寿日》一诗中有句："七十神舆合暂停，归来高枕梦初醒。人情似减当时暖，山色还添近日青。诗礼有功湔后虑，儿孙无恙赖先灵。一尊对酌春将暮，松竹当窗月在庭。"此诗仿佛预先为赖先所写一般。

尚赖先德流余滋

赖先与人为善，生平所交的都是清正之士。除了尊崇业师罗一峰外，赖先为官期间，还与明代中期文学家、复古派前七子的领袖人物李梦阳交情颇深。

李梦阳字献吉，号空同，弘治六年（1493）登癸丑科乡试解元，七年（1494）登甲寅科进士，与赖先一样，得中进士后也是初授户部主事。李梦阳因与刘瑾斗争，入狱过两次，而赖先也曾得罪刘瑾而辞官，或因两人为官时所遭遇的境遇相似，故而惺惺相惜。在赖先赴常州督查钞关之际，李梦阳曾作五言古诗《送赖伯启之常州浒墅》相赠："泼泼昆吾精，化作三尺铁。霜风试玉石，随手落轻屑。赋质有至刚，百炼谁能折？丈夫生世间，遇事贵剪截。安能学儿女，铅粉取容悦。呜呼恋君情，不在远离别。榷船非我制，新自正统间。吴兴东南会，何可废兹关。林林千万艘，日暮澄江湾。国家有课程，聚敛非所安。君木济川器，行旅谅开颜。君行赠维何，我有西门豹。西门虽云亡，千载仰余照。君行何所止？南近范公宅。江云度春空，想见古颜色。妙契不自珍，幸慰远相忆。"李梦阳诗中以西门豹、范仲淹和"百炼谁能折"的宝剑相勉，敬慕之深，勉励之切，友谊之深，溢于言表。

作为明代理学闽派的代表人物之一，《闽书》《汀州府志》《永定县志》等多部历史古籍均有赖先事迹的记载。赖先辞官返乡后，虽隐居乡野，却热心公益，并未停止造福一方百姓的脚步。对于后辈中的俊秀，他也总是在尽力扶掖的同时，注重砥砺他们的德行。因此归隐故里期间，赖先在坊间留下许多美好传说和逸事。

相传他辞官常德府回乡后，某日在路上偶遇一童子。童子从书塾折了一朵花回家时偶遇赖先，慌忙将花纳入袖中。赖先见状便试探这童子的才气，笑着对他说："白面书生，袖里暗藏春色。"童子脱口答道："黄堂太守，眼中明察秋毫。"赖先十分赞赏他的敏捷才思，便精心加以培养，后来还把女儿许配给他。这位童子便是时称"白衣中书"的张僖。嘉靖十七年（1538），张僖不负赖先培养，也一举成名，成为继赖先之后的永定第二位进士，官授中书舍人。受岳父赖先熏陶，得其风骨，他最终也坚拒奸相严嵩的笼络，拂袖卸官归田。这段故事，在士林中一时传为佳话，也留下"翁婿进士"的美传，正所谓：尚赖先德流余滋，扶持后辈传佳话。

此外，永定《赖氏族谱》中还载有"先公选坟址轶事"一则，在培丰民间广为流传。赖先卸官归田后也不免俗，开始思择百年归葬之地。他素通晓地理，恰遇一位有名望的地理先生，经勘察定点大排祠口。消息不胫而走，当地有一少年简兰山，见其父连日寝食不安，乃问父故，父曰："赖知府欲于吾家屋背运龙。"兰山听后慰之曰："莫怕，将来我做了比他更大的官时，也在其墓后运龙。"赖先闻而器之曰："此生乃日后必有作为者。"遂另择坟地。

明正德十六年（1521），赖先病逝于五马第，走完了72年的不凡人生，最终安葬于洪源老虎垄。他的挚友——广东潮州知府、闽省清流县人叶元玉为之作墓志铭："才之高不可肩也，行之方不可圆也。吏治之美，孰能先也？胡不用大，造物偏也。谗忌交至，谁之慾也？飘然勇退，气节全也。平生心事，皎如天也。已矣，复何元也？所贵者名，名则传也。所重后者，后则贤也。九原无感，高枕眠也。保兹一丘，白壁联也。我铭填石，昭万年也。"对赖先的一生褒奖有加。

赖先故去后，被封授承德郎、户部山东清吏司主事。在汤湖乃至永定县内，赖先可称得上一位标杆性的人物，故而从明代开始，他还与女婿张僖并列永定七位先贤，供奉在永定文庙乡贤祠（现永定区孔庙）中，每年这里都要举行隆重的典礼进行祭拜，这自然是后话了。

赖先一生光明磊落，旷达如天，正如叶元玉墓志铭中那句"平生心事，皎如天也"，这也许就是对赖先一生的最贴切评价。我想赖先若泉下有知，也一定倍感欣慰吧。

◎ 赖万安

翰林赖翰颙汤湖寻根谒祖记

平和赖氏在明朝时始有记载，平和赖氏是标公后裔六郎公三子朝英公的裔孙。台湾清朝赖氏族谱亦载"六郎公生四子，长子朝选（虞观），次子朝美，三子朝英，四子朝奉；朝英公，六郎公三子，朝美公之弟"；南靖县葛竹（原平和县葛竹乡）赖氏族谱还载"太始祖朝英公，朝美公胞弟也。朝英公之孙、宁化公次子六二郎（梁公）为葛竹开基祖"。

康熙十七年（1678）永定汤湖赖氏族谱记载："六郎公，五郎公长子，名宣。姚吕、温氏合葬上杭古田温公坑蛇形，于清初顺治十六年（1659）内请迁葬于汤湖乡老虎窠"；道光十年（1830）汤湖赖氏族谱又载："六郎公墓于嘉庆三年（1798）迁葬至上杭太拔斗古坪龙顶上。"祭祀六郎公，是每年汤湖赖氏家庙公祭后的第二天，由汤湖赖氏家庙理事会组织汤湖周边的六郎公裔孙前往上杭县太拔镇的斗古坪的六郎公墓举行祭拜活动，汤湖村内的10个自然村（上围、上圳、下圳、石龙、龙潭、田子、金山、中二、中一、三联）轮值承办。

赖翰颙（1697—1765），字孚仲，号竹峰，南靖葛竹（原平和县葛竹乡）人，朝英公十六世孙，即梁公十四世孙。雍正十一年（1733）进士，授翰林院庶吉士，授文林郎、翰林院编修，参修《大清律》，曾任国史馆纂修官。乾隆十四年（1749），赖翰颙因母病重，"以母老、乞养归"，辞职回故里，居家潜心学问，热心公益，办书院塾学，善书画，工诗文，平易近人，谦虚谨慎，清廉忠直。乾隆十五年（1750）他担任《长泰县志》总纂，后被聘诏安县丹诏书院院长，亲自主持制订《丹诏院肄业章程》。

水有源，树有根，慎终追远，纪念祖宗，感恩祖德，华夏子孙古来有之。赖翰颙贵为翰林院编修，也俱有这种拳拳之心，牢记祖辈嘱咐，竭诚以其早日实现寻根谒祖之愿。"余自祖六郎公迁居平和之葛竹，祖父常谓吾家世系永定分派，先世祖宗代有仕宦，祖宗族谱鉴有可据，且今当代名人叙跋赞扬，以志不朽。余生也晚，不见先祖先宗之显荣而亲矣。炙其簪缨，渴欲斯谱一观，以慰生平慕祖之枕。"无奈功名难求，仕途身不由己，路也不近，到永定寻根问祖久拖不能成行。

"雍正癸丑春闱，余始联捷得第，蒙圣恩赐翰林编修。告假省亲，旋里至永定拜谒先祖，求取谱牒一观，以溯源流。族中父老金谓，向时陈尚书后人送回绫谱，近被盗窃失。以所抄遗谱告，余遍览之下，始识先世祖宗名贤巨宦，昭穆分明，各有统绪。族牒之功，诚不可少也。弟吾家世系渊远而流长，先代叠修井有条。"赖翰颙承蒙皇帝准许，告假回乡省亲，与亲人短暂相聚后，即带着家童，轻装简行，翻山越岭，开启寻根谒祖之路。他第一站来到了永定县城；县城的宗亲知道是翰林公来访，自然是热情接待，迎接朝廷高官、皇帝身边的人、本族宗亲，感到非常荣耀。然而，赖翰颙却十分低调、谦虚、彬彬有礼，永定宗亲对翰林公的人品学识、崇敬祖先的情怀钦佩不已。在永定期间，宗亲们告诉翰林公，县城里的赖氏族亲基本上是汤湖朝美公子孙，六郎公墓在汤湖；同时，他们把各房谱牒尽数搬来，让翰林公览阅。赖翰颙详看族谱后，认为永定宗亲历来重视族谱的修续，世系清楚，也知道了自己的族史原来源远流长，先祖有很多名贤懿德，他由衷地感叹：一个家族必须有一本完整的族谱，才能"明先代之昭穆，尊俾有别，长幼有序，一族亲睦，万代兴盛，宗支绵远，悠久无疆矣。"翰林公祭拜了建于崇祯庚辰年（1640）位于永定凤凰山麓"永邑北街，县衙之后，用工颇大"的永定松阳祠。

赖翰颙在永定住了两天后，急切地要到汤湖祭拜六郎公。于是，在几名永定宗亲的陪同下，出西门，经礼田坝、马石山脚下的大新村、十二排、调虞（吴），过了调虞再走落雨岭就到了汤湖。从落雨岭下来，首见的是汤湖温泉，"热可熟物，沸如蟹眼，旁有冷泉"，仅一塝之隔的田里就种了水稻，翰林公见了，啧啧称奇。来到汤湖村里，翰林公看到，村庄四面环山，田路分明，人口稠密，鸡犬相闻，水曲蜿蜒，水口紧锁，顿觉这里是聚祥藏瑞的好地方。汤湖村赖氏宗亲闻讯翰林公来汤湖祭祖，都高兴非常，纷纷向他致敬问好。

第二天，翰林公沐浴更衣，备了牲吾果酒、香烛纸帛等祭品，在汤湖宗亲的陪同下到位于汤湖村中心上坝的颖公祠祭拜列祖列宗。让翰林公感慨的是，这座建于明景泰三年（1452）的宗祠见证了汤湖赖氏发展的艰辛历史，在这么早的年代，汤湖赖氏刚摆脱军户制的压迫，就能追溯到赖氏太始祖叔颖公，并建祠祭祀，确实难能可贵。如今，汤湖赖氏人口之众、科甲之盛、蜚声杭永，为世人仰慕。之后，他们健步来到汤湖老虎窠六郎公墓前，摆上祭品、司上茶酒，焚香，诵读祭文，三叩九拜；情真真，意切切，感激祖上福荫，得以今日成才成器。陪同祭拜的汤湖宗亲看到翰林公如此恭敬、如此虔诚地祭祀祖先，都无比感动。翰林公也欣慰非常，拜谒六郎公等列祖列宗，遂了多年的夙愿。于是他深情地写下了一副立意脱俗的对联："湖水前流溯去源头未远，马山后峙看来地步更高"。这副对联在道光十年（1830）的《汤湖赖氏族谱》里有记载，落款是"平和县葛竹乡家太史·翰颙来汤湖谢祖作赠"，留传于世。

赖翰颙在永定、汤湖寻根谒祖期间，与宗亲们交流两地的生活状况，讲述尊宗敬祖的感人故事，激励后辈要感恩祖辈，弘扬祖德。他们促膝相谈，相互祝福，翰林公心情也十分愉快。翰林公要回葛竹了，大家都依依不舍，体现了浓浓的同宗血脉之情。

◎ 赖衍举　赖奕永

赖维周重建赖氏家庙

"1943年赖氏家庙重修入火，那时是冬天，天气有点冷，晚上在祠堂周边、汤池旁到处搭有帐篷，村里人有空闲房间的都住满了前来参加入火的外地宗亲，自我懂事以来从没有见过这么多人，听大人们说，他们大都来自广东、江西，还有的来自浙江、湖南、广西等地，他们从那么远的地方过来，据说来的路上虽有搭车、搭船的，但大部分人是走路来的。从远的地方走了半个多月，生活相对较好的宗亲途中住旅馆，而大部分人是路上借宿或自带被褥。总之，祠堂入火当天人非常多。我们一帮小孩子从来没有见过这比过年还热闹的场面，兴奋得到处乱闯，当时的情景，现在还记得清清楚楚。村里人都说，是维周先生有本事，感谢他牵头做了那么大那么漂亮的祠堂。"前段时间我回汤湖老家，遇见94岁老村支书，他讲述了80多年前家庙重修入火的往事。原来，赖维周先生为重修家庙还有这么一段感人故事。

赖维周是汤湖人，1898年出生。他8岁入读私塾，长汀旧制中学毕业，厦门大学肄业（历史系），1926江西心远大学毕业，1928—1931年历任国民党江西党部秘书长、候补执行委员、正式委员。后因在南昌召开市民大会，主张团结抗日、摒弃党争、停止内战，他被国民党南京政府撤职。1932—1940年他历任陈立夫私人秘书（罗时实先生举荐）、《江西民国日报》总编、江西心远大学教授、浙江省政府浙西行署参议。1941年他创办瑞金私立福幼中学（今瑞金二中），任校长兼崇文小学校长。

1943年春节他领家眷回老家过年。兄弟梓叔听闻他回家，都聚在他家中畅聊，当谈到上坝的颖公祠时，老家人都唉声叹气，说因年久失修祠堂早已破烂不堪，估计短时间内可能倒塌，但无人牵头重修。当时是抗日战争时期，村里人养家糊口都困难，无多余资金重修祠堂。

当赖维周在现场看到摇摇欲坠的祠堂时，心里忐忑不安。他知道，这座祠堂是明朝早期始建的，当时汤湖比较特殊，在朝美公七世孙赖宗仪之前全族都是军户，因军户比一般民户负担重，军户家庭必须去当兵且要提供军需物资。以前是冷兵器时代，当兵意味着九死一生。由于军户的负担十分沉重，社会地位十分低下，因此经常出现逃户，很多人家生了男丁会连夜外逃或送走，但为了不忘根，外逃时会把家族简况随身携带或记在心里，等外逃找到地方安定后，世世代代凭带出去的家谱或口口相传是从哪里迁去的。大部分人外迁往广东、江西等地，广东历来有多子多福的理念，因而人口呈几何式增长，等传到赖维周那个年代，汤湖赖氏外迁宗亲数十万了，而留在老家的还不到一千人。改革开放前汤湖人口再一次剧增，目前有3000多人。

汤湖赖氏在朝美公七世裔孙赖宗仪等先贤的努力下，终于摆脱军户转为民户。宗仪公精通《易经》，有"明师"之誉称，识汤湖上坝碧水青溪三面环绕，宛如一玉带形似莲叶状如蚌，是块风水宝地，为感恩祖先庇佑，便与众宗亲议定，合力在上坝重建祖祠，供奉主神位牌为赖氏太始祖叔颖公，将其他有记载的列祖列宗的神位牌也供奉上座。祠堂名为颖公祠，把颖公祠当作总祠，专作祭祀用。老家习俗，平时的白事在各房脉分祠举办，不能在总祠办，因而总祠香火鼎盛，每年各地宗亲都来拜祖。祠堂几经重修，但现又经风雨沧桑破损不堪，若不及时重修会随时倒塌。见此情景，赖维周便酝酿重修祠堂的念头，他心里盘算，重修祠堂虽然困难重重，但凭借他在江西教育界的威望，只要好好发动江西和广东的宗亲，筹集资金应该不是问题。

于是，他与兄弟梓叔商议，既然要修就不能是三间低矮的瓦房，这与总祠的地位不匹配，他提出要请江西省兴国县有名的风水村三寮的地理先生来堪舆、请有名望的建筑师规划设计、并负责在外筹集资金的意见，要兄弟梓叔推举热心人来共同重修祠堂。大家心里感激他有远见、敢担当，一致推他出任修祠总理事，清标任执行理事，牵头成立修祠机构，推举各房脉较有威望的村民配合重修祠堂工作，解决他的后顾之忧。

祠堂重修工作紧锣密鼓，筹集重修资金是首要任务。他回瑞金后，立即联络当地及周边县的赖氏宗亲，并通过他们发动更多的宗亲和热心人士捐款捐物。当筹集到第一批银圆时，他动用关系请了当地的民团押送回汤湖老家，为确保路途安全，他亲自领队，遇到国民党检查队伍时出具路条，检查队伍看他手续齐全且押送队伍荷枪实弹，便也没有为难他。经过几天跋涉回到老家，兄弟梓叔见到白花花的银圆非常高兴，马上分工购置建筑材料、请木工和泥水师傅，祠堂原址重修顺利动工。接着，他联系广东的宗亲，得知也筹集了不少的资金后，为了确保安全，他交待广东宗亲把银圆兑换成中央储备银行印制的纸钞以便于随身携带，找几个可靠宗亲假扮泥水匠到福建寻工求生活，路上混过了所有检查顺利到达汤湖。

筹集的资金几次都顺利送达汤湖，祠堂重修在当年十一月竣工。在祠堂竣工前夕，恰逢陈立夫先生赴赣州公干，赖维周特地拜会老领导并请其为汤湖颖公祠堂题写匾额。陈立夫先生听闻叔颖公是周朝分封赖子国的国君，按礼制做过皇帝或封侯过的姓氏可称家庙，且后裔出仕者众，于是便欣然提笔书写"赖氏家庙"，从此汤湖颖公祠堂改称为"赖氏家庙"。

赖维周先生对家庙由来、风水非常清楚，为了家族美好愿望，他有感而发倾情书写大门楹联："族开颖水源流远，灵接袍山气象尊"，拜祖堂楹联"溯祖源，肇西周，由秦汉以迄明清，屈指二十朝，绵绵延延，俎豆馨香今胜昔；衍祖枝，在南国，从浙赣而蕃闽粤，计人丁亿万，振振蛰蛰，衣冠文物后光前"。此两幅楹联至今沿用。

重修后的家庙庄重肃穆，坐东北朝西南，后有太师椅形的祖山靠，前有清澈见底的腰带水绕，犹如古代官服环腰玉带；主体为砖瓦土墙结构，正中大厅，左右两边厢房。家庙前有围庭，后有甬道，正面围墙置有大门，大厅檐滕左右两边各竖两条石柱，象征四颗虎牙；两侧厢房配以圆门，形似两只炯炯有神的虎眼，整座家庙犹如威振乾坤的猛虎盘踞在汤湖上坝，雄伟壮观。而龙头燕尾的翘脊屋顶和雕龙刻凤在梁柱的图形工艺精巧、栩栩如生。大厅内设神龛，主神位牌供奉太始祖叔颖公，其他有记载的列祖列宗神位牌也供奉上座，是目前国内赖氏祠堂上祖神位牌最齐全的。因建祠历史较长，每年到家庙祭祖的赖氏宗亲逐年增多，成为汤湖外迁南方各省、港澳台以及东南亚和欧美国家赖氏宗亲的精神寄托家园。

赖维周一心扑在教育事业上，为人非常低调。他对当时的国内局势看得非常清楚，因此他做过很多正能量的事。他曾先后倾资营救过时任中共中央委员、工农银行行长赖祖烈和新四军政委谭震林等人。新中国成立前夕，他先后两次受江西和闽西共产党负责人之委托，劝说宁都专区委员黄镇中和国民党长汀专区专员卢兴铭起义，为和平事业做出了贡献。1950年经中国国民党革命委员会中央执行委员、民革福建省委员会主委刘通介绍加入民革，这与他热爱家乡、尊宗敬祖分不开的，汤湖人感激他。

祠堂作为文物建筑，承载了诸多历史、人文、科学、艺术、建筑、民俗等信息，是我国珍贵历史文物中的重要组成部分。祠堂是族人后裔祭奠、缅怀先贤的地方，是一个家族的纪念馆。虽然赖维周重修赖氏家庙已过去八十余年，但他的壮举至今感召后人，荣辱不能忘，优良传统不能丢，让先人之灵得以安身，后辈小生借此缅怀瞻仰后奋进，希望大家秉承中华文化传统，代代相传。

◎ 张 茜

载入县志的李婆太

李婆太生活在明朝，没有留下名字，婆太，是后人子子孙孙对她崇敬而亲切的尊称。

清康熙三十六年（1697）永定县志这样记载：赖伯瑛妻李氏，年一百零四岁。小靖寇劫，伯瑛被害。时长子以贡由南雍。氏驰书命之"缓奔丧，急奏剿"。玉如其言，仇得以复。治家严而一礼。子孙不衣冠不见，日课子小勤学。子玉、锦、璞，皆登仕籍；铠，以廪生将贡卒。孙希孔，以孝义志；希昌、希道、希乔亦登仕籍。曾孙一龙、一麟、一鲤，玄孙裔周、作辅、以震、维岳，相继科贡，蜚声宦路。皆氏教诲成之也。氏卒时，漳南道吊唁曰"百岁慈闱天下少，七旬孝子世间稀"。

县志称李婆太为李氏。李氏在嫁给汤湖村赖家之前，自然为李家女儿。这李姑娘可是出身名门，为李火德后裔。李火德何许人也？系李姓入闽始祖、唐高祖李渊之第二十八代孙。显而易见，李婆太拥有正宗的皇家血统和文化传承。

溯洄 1226 年，李氏先祖李火德为躲避战乱，举家迁至上杭县丰朗村，育有三子二女，于 1292 年病逝，享年 87 岁，可谓彼时超级长寿者。李火德任职期间，为官清廉，政绩显著，并把父母从石壁村接去赡养，一时传为美谈。卸任退休后，他极力推崇、践行"勤而致富，家富而国富"，赢得当朝丞相文天祥亲笔题写赞誉"忠孝廉节"，高悬李家祠堂，犹如一击击铿锵响鼓，嵌入李氏家训，延传至今。

丰朗毗邻汤湖。500多年前的某日，山峦碧翠，风和日丽，花香鸟语。李姑娘带嫁妆，乘花轿，披盖头，与赖家儿子伯瑛喜结连理，成为夫妻。夫家赖姓也非等闲，源头为周文王第十九子，赖即国姓，镌刻在血液里的赖子国。这枝赖姓从北到南，辗转两千多年，落脚永定这处山坳：峰环水绕，四维拱护，地冒温泉；东有浩山，西有华山，南有京山，北有袍山；风水甚佳，可遇而不可求，取名汤湖。

李姑娘嫁做伯瑛妻后，收起女儿锦衣，挽起乌黑长发，戴上客家妇人的藏青大围裙，只是她的围裙上沿边绣满了桃色海棠花，喜性、生机，也自然显示了女红功底。李姑娘六岁开蒙习读《女儿经》，烂熟于心。"早早起，出闺门，烧茶汤，敬双亲……出嫁后，公姑敬，丈夫穷，莫生瞋，夫子贵，莫骄矜，出仕日，劝清正，抚百姓，劝宽仁……勤治家，过光阴……有儿女，不可轻，抚育大，继宗承，或耕耘，教勤谨，或读书，莫鄙啬……宜以之，为法则。"

嫁做人妇，开启人生第二旅程，李氏轻轻抚摸着随身携带而来的《女儿经》，信心满满。离开了生养爹娘，她将亲身践行每日必读的这本书里的字字句句，做一个优秀的女人。对得起天地父母，对得起生命来世上，要给美好人间，留下一个女人的美好。

李氏她相貌端庄，外柔内刚，腹有诗书，持家勤劳，与夫君伯瑛夫唱妇随，琴瑟和鸣，一顺溜生下四个儿子：赖玉、赖锦、赖璞、赖镗。夫君赖伯瑛体魄强健，性情淡定，粗能下田耕作，细可经营买卖，家道殷实，四个儿子均能上学读书。十多年后，长子赖玉如愿考取当时的南雍国子监。这所大学不仅最大也最著名，素有"延袤十里，灯火相辉"之殊荣，在校生员近万人。李氏心里颇感安慰，三个弟弟也有了一个奋斗的目标和学习榜样。

李氏相夫教子，治家有方，修身自律。她深知没有近忧，或许就有远忧的道理，月儿都有阴晴圆缺啊。变化多端的庸常生活，在充满智慧，胸有大德的女人面前，宛如诗与远方。

灾难在李氏的生活预案里不期而遇，大约在长子大三的时段里，赖伯瑛出门前往广东大浦做生意，途径小靖，天色向晚，在一家小客栈落脚时遭盗匪杀害。

噩耗传来，李氏分外冷静，立即提笔写信：我儿玉，小靖近年盗匪猖獗，民不聊生，昨夜你父路过住宿遭害，人财皆没。娘望你以大义为重，火速奏请朝廷消灭匪害，保一方平安，再回乡送父。

知儿莫若母，赖玉接到母亲派专人日夜兼程送来的父讯，泪如雨下，泣不成声，挥笔书写奏章，并呈导师推荐上京。月余后，小靖及周边地区的盗匪团伙被斩草除根，乡野复回祥和。李氏母子之壮举，熠熠生辉，耀眼至今日。

铲除了匪害，掩埋了丈夫。李氏擦干眼泪，独自挑起培养四个儿子的重担。她坚信办法总比困难多，更加严以律己，做好儿子们的表率。正如古老县志所记录，儿子们衣衫不整，不要前来拜见，学习要刻苦勤奋，工作要清正廉洁。馨香家风，世代相传，利国宜家。

在李氏的严格教导下，四个儿子皆学业有成，步入仕途。只是她又遭受了一次白发人送黑发人之痛，儿子"镗，以廪生将贡卒。"历经丧夫失子之痛彻，李氏对于人生的认知更加通透，宛若渐褪石皮之润玉。"月有阴晴圆缺"，其余三个儿子仿若圆月，个个有出息，令李氏深感欣慰。县志一一表明，他们当官为民，两袖清风；居家尊老爱幼，笔墨传承。

李氏一鼓作气，成功培养下一代至玄孙。

儿子辈：

赖玉，号高山，于明武宗正德七年（1512）获得岁贡，进入太学，也就是著名的南京国子监。县志赞誉他"天性孝友，素履纯笃"。在校期间，由于父亲遭盗匪残害，他奉母命起草奏章，上赴京城，取得国家支持，灭了家乡小靖一带匪害，报了父仇，还回一方平安。国子监毕业后，嘉靖初年，他授临高丞，视篆经载，吏畏民怀、抚黎蛮倾心向化，建石桥捐助俸赏。数年后升任广西榕具知县——"临人戴若父母，立祠祀焉。致政明农，以经书教子孙，皆以科贞文行显。"

赖锦，号南沂，学行纯雅，气宇宏深。嘉靖千午负，任广东琼州府万州知州。"领万州牧，教养并行、黎蛮驯服、抚安有'昭代龚、黄'之奖、士民有建祠勒石之思"。退休后，他归隐家乡，闭门谢客，倾心种田，侍奉老母，教村里孩子读书写字。闲暇时光，读书作诗，自适儿已。

赖璞，号南嵩，嘉靖丙午贡。任职阳春县教谕，后升宾州学正。

孙子辈：

赖希孔，号双山，品行极好，孝顺母亲，尊敬兄弟。那年父亲罹患病痛，赖希孔心疼不已，到庙里烧香拜佛，祈求神明将父亲病痛移栽己身，愿替父受过。当地官员感叹他师表乡里，亲自书写"孝友"二字给予表彰。

赖希昌，号西峰，嘉靖癸丑府学贡。他任职浙江建德县主簿，工作成绩显著，后提升为四川剑州州判。县志赞扬他精明练达，制行端庄。出仕浙蜀，抚按褒奖云"清勤出众，慈厚得民。莅判卓有贤声，蜀篆全无物议"。赖希昌为官清廉，政绩突出，深得民心，因长期劳力劳心而卒于岗位上。剑州百姓闻讯哭声一片，悲伤得仿若失去亲生父母。

赖希道，号龙泉，举人，嘉靖癸卯科，由县学中式，授江西建昌县知县。建昌自古为江右剧地，政务浩繁，民性桀骜，逃税避税之风尤其猖獗。赖希道到任不足一个月，彻底解决了百姓缴税问题。继而修学舍，建桥梁，释冤狱，清衙蠹，积义仓，以卓有贤声之风范，工作至退休。

赖希乔，嘉靖甲子贡，任职江西瑞金县训导，后提升为广东遂溪县教谕。

重孙辈：

赖一龙，号云峰，隆庆庚午贡。授本省福清县训导。

赖一麟，号瑞寰，万历贡。授广东归善县训导。

赖一鲤，号云吾，万历年间恩贡。由贡任广东阳山县知县，有惠政，按、抚交委惠州十邑查盘后，提升为王府审理正事。阳山县《官师志》记载他"严门役，重善良。杜私谒，申保甲。创读书亭，置学田。政暇多著作，刻《钧民苦语》教成闾阎。去后，士民勒石"。

玄孙辈：

赖裔周，号康姬，天启七年贡，授浙江丽水县训导，升南安教谕，又升潮州府教授。

赖作捕，号佐台，万历贡，授教职冠带。

赖以震，号雷门，廪生，当贡卒。

赖维岳，号峦宗，万历丙午科举人，由府学中式。任职泉州府永春县教谕，升广东兴宁县知县，加衔兵部职方司主事。赖岳堪称天才，五六岁时，能历数古今人物，特别嗜好古学，著有文集《古今裘》《金涌集》《半豹集》行世。

眼见着后辈们个个成才，报效国家，光宗耀祖。年过百岁的李氏抚摸着一头稀疏、整齐的白发，轻轻呼出一口淡淡莲香。当年青丝油亮，绣衣盖头，出花轿落赖家的画面，缓缓浮现。

完成了生活赋予的使命，已成为李婆太的她，闭上眼睛，安息长眠，享年 104 岁，是为明朝。我想，这也许秉承了其祖先李火德公享年 87 岁的长寿基因，也许是担当家族使命的坚韧生活——锤炼成金。

这金色光芒照耀至公元 2016 年，后人赖万安临近退休时翻阅县志，遇见了他的李婆太。不久他又发现由晋江人何乔远所著，刊发于明万历四十八年（1620）的《闽书》，就已经记载了李婆太几个子孙的事迹。

赖玉，字子成。正德间贡，入太学。会小靖盗起，流劫乡都，闻父伯瑛被害，即繇南监奔京师奏剿。嘉靖初，授临高丞，视篡经载，吏畏民绥，黎蛮教化。长子希孔，仲子希昌。

赖锦，字子美。嘉靖间以贡领万州牧，教养并行，黎蛮训服，以终养归。

赖希孔，字敏夫。县学生，视父母尽孝，处兄弟怡怡。父病，祈以身代。邑令唐燦常诣其家，有师表乡闾之叹。

赖希昌，字纯夫。嘉靖以贡授建德主簿，升剑州州判。清勤出应，慈厚德民，卒于官，民哀之。

赖一相，字时望（李婆太重孙）。诸生也。博学，笃孝友，让产同生，而舌耕糊口。事继母甚顺，继母化之。尝入粤归，遇盗舟次，忙迫呼天曰："天乎，赖一相平生心事，岂于至此。"资闻其名，遂解去。曰："乃孝友人也。"

用赖万安的话来说，李氏婆太非常厉害。寿终 104 岁，孟母三迁般培养了四代后人，个个当官美名扬。这让赖万安先生激动不已，他走访乡亲，寻找到了李婆太墓。连绵青山芳草间，墓门依然，只是门上楹联风化模糊。但后人们口口相传，都记得内容：百岁慈闻天下少，七旬孝子世间稀。这是李氏，那个世代的一位乡间老妇去世时，漳南道给予的吊唁。

这熠熠生辉的母仪光芒，将永世照耀人间。

◎ 沉　洲

"湖"有汤泉暖四邻

汤湖不是湖，而是闽西的一个纯客家村落。

追溯中国历史，每当北方游牧民族入侵，华夏大地动荡之时，偏居东南一隅的福建，这里山岭沟壑阻隔，总是成为中原衣冠士族迁徙的目的地。他们筚路蓝缕，避难山间，除了带来中华道统，还保留了许多中原古语，譬如，食汤就是现在的喝汤，泡汤则为温泉洗浴（当地人叫洗汤）。在这里，汤不仅仅是下饭之食，而泛指有温度有内含物的汤水。

闽西龙岩市永定区的汤湖村，位于合溪乡西部，与上杭县接壤，是合溪乡最大的行政村。这一带的人进出往来，汤湖属于必经之地。数百年前，汤湖赖氏开基祖辗转到此，视其东西南北有大岭岽、西华山、金山和乌石岽等，四维青山环围，其中平畴沃野，坦荡若湖，一条翠绿溪水九曲十八弯蜿蜒流过，认定这里就是聚族耕读传家的风水宝地。

汤湖钟灵毓秀，地灵人杰，是永定建县以来第一个进士赖先的故乡，也是世界赖氏的重要发祥地，于此衍播世界的赖氏族裔逾百万人。陈立夫的秘书赖维周、台湾国民党三军大学原教育长赖正材少将、新中国建筑材料工业奠基人之一的赖际发（老红军，曾任国家重工业部副部长、建材工业部部长）、毛泽东在苏区时期的机要员赖仰奎、大将萧劲光的警卫员赖日先……他们都是土生土长的汤湖人。

这里也是一片红色热土，著名的永定暴动和稔田暴动，最早秘密酝酿、策划于汤湖永定师范学堂，同时还诞生了中央苏区第一个共青团支部。

村里长者听老一辈人说古，明朝的某一年冬天，汤湖久雨不晴，潮湿异常，全村人都患上了腰酸腿疼的毛病，有的甚至卧床不起。一天，村里来了一个化缘和尚，给稻米不要，送钱不收。每到一家，他都闭目合十，嘴里呢喃："汤水地下流，生病不要愁，道理自己悟，天机不可露。"听得多了，村民们聚在一起揣摩：莫非此地有汤泉，还可以用来治病？可是它在哪里呢？这时，村里一个养鸭老人说了一件离奇之事：现在已是天寒地冻，这些天暗暝，鸭群总是赶不回鸭棚，成群聚拢在村子东北边山脚一处凹窝地过夜。众人听罢，一起到那处叫汤背的地方巡查，没有发现什么特别之处。有人蹲下身来手摸地面，感觉温暖如春，找来锄头开挖，不久便见一股汤泉喷涌而出，一时热气氤氲。其后，大家用热烫汤泉水洗脸、洗手，甚至洗身。过了几日，让人诧异的是，洗过汤泉水的人，腰腿酸疼的毛病居然得到缓解。这个消息很快传扬开去，四邻八乡闻讯赶来的人络绎不绝。汤泉水在大家心目中，被赋予了天赐"神水""美人汤""养生汤"的美名。

这片神奇的土地有山湖形胜，"湖"有灵泉喷出，此后便有了这个叫汤湖村落。

宋朝《临汀志》载：上杭县汤泉兴化、金丰、胜运三乡皆有之，惟在胜运（胜运里汤湖乡）者最热。沸如蟹眼，可熟生物，旁有冷泉以济浣濯。后人也赋诗描述赞誉：西山灿烂千秋月，汤泉沸腾万古情。莫看汤湖天地小，神仙浴后也忘形。天赐热泉别地无，一枝独秀挺汤湖。

生息于此的人一天都离不开汤，早汤喝茶汤，下午洗汤。坊间俚语说得有意思，上午皮包水，下午水包皮。今天洗汤了吗？这是汤湖人的经典问候语，仿佛这世间悠悠万事，唯洗汤为大。在这里，洗汤已然成为一种生活日常。

在汤湖村的那天上午，赖氏祖庙赖会长带我去了汤背自然村。从赖氏祖庙出发，走了700多米，接近东南面山麓时，村道旁一条沟渠边上白气蒸腾，几个村民蹲在一旁，把宰杀好的鸡鸭兔浸入水中，五六分钟后提起，按压于渠边石块上轻松脱毛。有这等好事，提水烧锅都免了。推想过去，如果遇到传统节日，此地肯定人满为患，无处插足。眼前的情形让我颇为惊讶，依过往经验，只有用烧开的滚水把宰杀好的家畜全身烫一遍，头尾部分还必须加烫，才有手到毛脱的可能。可见此处温泉温度颇高，这与地质勘探部门给出的结论相吻合。

调查报告称：汤湖的汤背自然村，出露于丘间小盆地，有利于地下水汇集。周边丘陵接受大气降雨后，入渗向下，补给到基岩裂隙中，形成基岩裂隙水。由于重力等作用再向深部径流，逐渐富集于断裂导水、富水的破碎带，地下水在深部遇热源加热后，沿导水断裂向上运移，在地势较低洼的汤背区域出露于地表，从而形成本区的天然温泉。温泉群为小型中低温地热田，可开发利用的日流量

2650吨。测得人工池水温63摄氏度，民房出水洞口水温62摄氏度。周边为农田、居民区，无工矿企业等污染源，环境条件较好。本温泉为弱碱性淡水，可命名为理疗热氟水、硫水，具有较高的理疗功能。

沟渠流出的温泉露头在村道一侧村户的庭院里，该户人家已将边上的两层房屋改造成一间间洗浴室，用不完的温泉水一路热气，自流入溪。有妇女在沟渠前头用桶取水，笑说当热水洗菜洗碗。如此挥霍，很是奢侈。

从两屋之间的小路绕到山麓，距庭院里的温泉出水口十多米，筑有一圈三四十平方米的椭圆形人工池，可见水底不停歇冒起一窝窝小水泡，这是古人所谓的"沸如蟹眼"，非常形象。池面上热气逸出，周遭飘荡着若有若无的硫黄味。这里就是村里公共汤池的接水口。

赖会长买了两粒鸭蛋，放入水池底约15分钟，基本熟了。若搁在水温更高的水渠出口处，应该10分钟便可成形。

途经村里主街，看到路边的免费公共汤池，油然冒出洗汤之念，欲体验一番汤湖温泉，看看究竟与其他地方有何不同。我在汤池街对面的店铺，买了一条泳裤和毛巾，进到公共汤池，里面却空无一人。两个白气袅腾的大池摊现眼前，伸手一触，烫得连忙逃离。下面那个池，水温明显降了不少。明白了，这可是原汤原汁，没有接入自来水勾兑，只能等它自然冷却，这也是公共汤池上午空空如也的原因。我在中国温泉城福州生活了40多年，比较耐温，算得上是一位资深汤客。我先将小腿探入，这水温有45摄氏度左右，霎时，皮肤如万针细扎；静静坚持两分钟，我便悄悄伸进大腿，等身体温度升高，内外平衡了，再全身慢慢浸入，不敢轻易晃动池水。水温的确太猛，泡了10多分钟就我坚持不下去了。

此前听当地人介绍，脑海这时浮现出一幅画面：下午到夜里，劳累一天的村民于此洗汤消乏，滋养身心。大家一起泡得开心，叙旧闲聊拉家常，情感交流带来了愉悦。汤池无疑具备了村新闻发布中心和娱乐场所的功能，每天洗一回汤，多少能探得一些汤湖及周边村子的家长里短，乡间百态。

等穿戴好，行走在路上，与此前在八闽其他地方泡汤效果迥异，感觉身体爽透了，有一种轻盈欲飞的享受。

闽西是客家人的聚居之地，客家人向来民风淳朴，热情好客。汤湖是纯客家村落，同样待人温暖和气，对人对事有超常的包容性。汤泉水被赋予了做人的道理，长辈们总是这样教育小孩们：要好好做人，像汤泉一样，不求恩泽天下人，却可以造福一方百姓。汤湖人不视汤泉为己物，乐于共享，以致周边乡村的村民都会到此享受洗汤之乐。

洗汤文化结下善缘，村民的大方也给自己带来福报。不知从什么时候开始，在公共汤池两侧街面，渐渐形成汤湖村的下午温泉墟场。地上挤挤挨挨摆着竹制品、木桶、水果、蔬菜、各类种子和手工特产，街边的固定店铺有理发、服饰、点心、杂货、农资、茶馆、超市……一切应有尽有。汤墟夏天人少些，春季开始日渐多了起来，中秋过后进入高潮，参与者有四五百人之多。正月期间的"汤墟"，更是人来人往，熙熙攘攘。日人流量多时接近5000人次。洗完汤的、准备洗的、纯粹做买卖和购物的，日日热闹，买卖红火。人口3500多、地域不到5平方千米的汤湖村，因汤而盛，呈现出一派商贸繁荣气象，极大方便了附近一带村民的日常生活。

数百年来，这处昼夜汩汩喷涌的温泉，温暖了汤湖村及周边四邻八乡近万人的生活，也带来乡村的人气兴旺。

◎ 罗福初

一幅题词的由来

在永定县汤湖的赖氏颖公总祠的"赖氏家庙"四个大字是由陈立夫手书的。陈立夫为何给汤湖的赖氏颖公总祠留下翰墨呢？这与汤湖名士赖维周有关。

赖维周，字岐生（1898—1981），永定合溪乡汤湖村人。他8岁入读私塾，1905年在长汀中学读书，毕业后在汤湖小学任教，继而转南靖县塔下村教书，后得到永定古竹乡旅印度尼西亚爪哇泗水的苏少眉资助，考入厦门大学历史系，两年后转学南昌江西心远大学历史系学习。1926年心远大学毕业后，维周回到家乡汤湖，经温彦卿介绍加入国民党，后组织汤湖乡农民协会，并担任该乡农民协会主席。1928年秋，他与赖际发（中国共产党第九届中央委员、原国家建材部部长）一起组织并参加农民暴动，开展土地革命，打土豪分田地。后因暴动失败而举家外出。

从1929年起，他先后担任江西省国民党临时党部秘书长、登记科主任、省党部候补执行委员、执行委员（1994年永定县志有记载），还兼任江西省民国日报总编辑。抗日战争期间，他曾在民国日报上发表主张团结抗日、停止内战的文章，因而被国民党南京政府撤职。后因不满国民党的统治，他淡出政治，潜心于教育。

1938 年起到 1940 年 6 月，他先后在江西私立新远中学任文史教员和江西宁都私立心远中学分校教导主任。在这期间，他营救过新四军二支队副司令员谭震林和工农银行行长赖祖烈等人。1940 年 7 月他在会昌县立中学任文史教员；1941 年起到新中国成立前夕，任瑞金福幼中学校长兼崇文小学校长。他在赣南一带有一定声望，1949 年春、秋先后两次受江西和闽西共产党负责人之委托，劝说宁都专区委员黄镇中和国民党长汀专区专员卢兴铭起义，为人民的和平解放做出了贡献。

1950 年他经中国国民党革命委员会中央执行委员、民革福建省委员会主委刘通介绍加入民革；1981 年因病逝世，享年 83 岁。

他生前著有诗文《草莽集》等，陈三立先生（号散原）评其诗："气厉而语质，五古近杜韩，七言近遗山放翁。"

赖维周先生的同年詹松涛先生评其立身处世治学皆卓然。周介裼先生评其盖尼父所谓刚毅木讷近仁者。

1943 年，在赖维周的主持下，汤湖重建赖氏家庙。他还恳请陈立夫题写墨宝，陈立夫也欣然应允命笔"赖氏家庙"。陈立夫之所以会给赖维周题墨宝，是因为他给陈立夫当过一年半秘书，与他有私交。1932 年，在罗时实先生举荐下，赖维周担任陈立夫私人秘书。罗时实，字佩秋，江西南昌人，南京东南大学毕业，留学英国剑桥大学皇家学院，曾任国民革命军总司令部秘书、国民党江西省党部委员等职；1933 年任浙江省第四区行政督察专员；1934 年 11 月试署江苏省政府秘书长；1939 年任国民政府军事委员会委员长侍从室第三处主任；1945 年 5 月当选为国民党第六届候补中央执行委员；1949 年去台湾；1975 年病逝。他著有《民生主义新论》《民生主义经济制度》《三民主义与当代政治趋向》等。赖维周在任江西省国民党临时党部秘书长、登记科主任、省党部候补执行委员、执行委员期间，罗时实也在任江西省党部委员，他们两人之间有一定交往，他熟知赖维周的才华和学识，所以将赖维周举荐给陈立夫当秘书。1943 年，赖维周的家乡要重建赖氏家庙，他就恳请陈立夫题写墨宝，陈立夫也欣然命笔。这就是陈立夫为永定汤湖赖氏颖公总祠题写"赖氏家庙"的来由。

◎ 赖珊盛

汤湖村中两神庙

故乡的风物，总是让游子们魂牵梦萦。

离知名的汤湖赖氏家庙不远，有座古庙叫五显庙。从其门楼来看，此为一现代建筑。但据村里年长的人说，原先这里的庙舍年代久远，古朴精致，后来古庙毁于"文革"。五显庙复建于1993年，土木结构。现今的庙舍是2012年乡民们集资在原地重建的。

庙里有个大帝行台，正中安坐着五位神明，他们便是五显大帝。前排还有四位神灵，居中的两位为金童、玉女，两边的分别是千里眼、顺风耳尊神。

庙宇左侧挂一大钟，口径约五十厘米，高约八十厘米。门前有九个石墩，用于每次抬公王前声告乡民和出发时放铳（地雷子）。

五显大帝为中国神话人物。相传其为释迦牟尼佛座前华光菩萨，因烧死毒火鬼王被贬为五显灵官，一气之下转世重修，化为一粒肉球，在南京徽州府婺源县的萧家庄，于农历九月二十八子时投胎转世。剖开肉球现出五兄弟，取名为大帝萧显聪；第二大帝萧显明；第三大帝萧显正；第四大帝萧显直；第五大帝萧显德。

在闽西客家地区，有不少五显大帝庙，求男生男，求女得女，经商者外出获利，读书者金榜题名，农耕者五谷丰登，有求必应，得到万民景仰。

在汤湖的五显大帝庙里，正中坐着的灵官有三只眼，另外四位为官袍书生模样。此五位尊神为木雕作品，取材于本村田里井边的一棵大樟树。在当地信众中，五显大帝颇有分量。每逢农历节假日，当地民众都会来到这里摆香案、敬供品，祈求五显大帝保佑。

汤湖村大，村民有赖、吴两姓。五显庙为赖、吴同祀，每日点灯添香各户轮值。

旧时汤湖村分为十甲，一甲上围，二甲龙潭，三甲乌石头，四甲中坊，五甲石龙里，六甲圳头，七甲圳中，八甲圳下，九甲汤背，十甲田里。每年农历正月二十三起伏（请神），农历腊月十三回伏（谢神）。这里还有各甲神明巡游的习俗。

据当地客家学者赖万安先生介绍，五显庙的庙会，客家人叫抬菩萨，汤湖人称抬公王，一年两次。上半年为农历四月初八，下半年为农历九月廿八，由各甲轮值承办，邻村人常调侃"汤湖人，冇事做，公王一年抬两次"。乡民们抬五显大帝穿村巡回，中途须在汤湖村中坊公王潭、村口拱桥头、下圳长坪下、圳下猪子石下、河坑口河桥宫、寨下枫山头、汤背汤边等地，要分别停下行祭一番。抬公王有客家十番乐队、船灯、各类旗幡随行，浩浩荡荡，热闹非凡。

汤湖人善打客家船灯，也喜欢看闽西汉剧，村里也有汉剧戏班。庙会时这两支民间文艺队伍常常是最吸引观众的眼球的。悠扬的船灯曲及高亢的汉调响起，乡亲们从四面八方涌到这里，尽情欣赏民间艺人的精彩表演。

离汤泉出水口不远的水渠旁有座关帝庙，庙堂正中供奉着五位神明。正中的是执卷阅读的关公，两旁分别是持青龙偃月刀的周仓、捧印信的关平。

三位正神的两侧，陪祀的为财神、福德正神。此庙平时点灯添香由吴姓各户轮值。关帝庙起伏（祈福）为农历正月廿六，回伏为农历十一月廿六。这两个日子，周边各村各姓信众都会前来参加。

周仓之右为财神。其头戴官帽，身着虎袍，左手持一面"招财进宝"的令符，右手托一只金元宝。

关平之左为土地公公。这显然是一位长须白脸的老公公，面带微笑，慈祥地看着你。

关公形象似乎都是固定的。他青袍金甲，正襟危坐，左着执卷，右手捋着长须，卧蚕眉眯着，似笑非笑看着每一位进庙的香客。

汤湖民众崇信关公诸神，自然是有神明保佑，在这片丰饶的土地上，求财得财，求子得子，合境平安，和谐发展。

关公信仰为大江南北较为普遍的一种信俗。三国时期的关羽可以说是两千年来最为人们记忆的历史人物之一，因其不断受到后世统治者的加封和民间的追捧，在儒教中他是"关武圣人""忠义圣人"，在道教中他是"关帝圣君""关武财神"，在佛教中他又是"伽蓝菩萨""护院菩萨"。

商人供奉他，图招财进宝、日进斗金；普通人供奉他，图镇妖辟邪、家宅平安。有一副对联高度概括了关羽由人到神到圣的变化："经文纬武立功勋，将封侯，侯封王，王封帝，帝封天尊，皓皓乎不可尚已；出圣入神成变化，汉至唐，唐至宋，宋至明，明至大清，荡荡乎无能名焉。"

古往今来，安身立命，忠孝传家，且须固守故土，躬耕南亩，日出而作，日落而息，周而复始，草虫鸣叫闲适一生。

奋发进取，志在高远，却须走出家门，背起行囊，仰天大笑出门去，去外面世界创造自己的新天地。

其时，身为游子，心中常念，梦中流萤，家乡的神灵，村里的父老乡亲，一起在脑海浮现。月圆之夜，华光朗照——有故乡，便有归处。

◎ 罗福初

汤湖石拱桥——狮象桥

　　汤湖是一个丘陵盆地，群山环抱，形似锅盆。溪水蜿蜒曲折流向南方，出水口东面山包是狮山，西面山包是象山，故名狮象把水口。狮象桥即位于此，横亘于水口之上，雄峙在狮山与象山之间，对汤湖村有积源聚瑞之寓。

　　汤湖狮象桥是一座单孔石拱桥。此桥桥孔呈半月形，清清的汤湖溪水从桥下缓缓流过，好像在叙述着狮象桥的前世今生。2023年11月23日，我在汤湖村的赖万安陪同下，对狮象桥的历史进行了实地调查，访问了当地对该桥故事、传说记得较清楚的赖立贞、赖立礼、赖新豪等几位长者，近距离地观测了桥体状况：两边桥基建在天然的花岗岩岩基上；拱石也是采用花岗岩，凿成长方体相嵌，排列有序，拱石表面较粗糙；整座桥体没有移位、风蚀迹象；桥宽3.9米，水面孔高6.6米，桥孔径12.7米；桥面与桥孔的同向辅了28块路心石板，每块长69厘米、宽42厘米。

狮象桥全貌

　　在闽西山区，古时过溪过河大都是搭木桥的，容易受山洪冲毁，行人既不安全，也常耽搁事务。汤湖到丰稔有十里路，历史上，汤湖人与邻近的交往以丰稔为多，结亲、贸易、赴墟（赶集），来往频繁。在狮象桥没有建之前，汤湖往丰稔的路是经崩山里、沙门上、长冈岽、焦坑口、牛鼻崆、过桥经丰朗。其中长冈岽至焦坑口有一段较长的上下坡，而且免不了还要在丰朗过木桥，来回甚不方便。

据考证，汤湖狮象石拱桥是由朝美公十三世孙赖明选力倡、筹资兴建的。赖明选（1566—1632），字以登、号缙所，由郡廪生中明万历己酉（1609）科举人，初任南京常州府总督通判，署本府印五个月，摄无锡县印三个月。康熙三十六（1697）年永定县志记载："……授南直隶常州府通判，署府篆。惠民敬士，士民立祠祀之。"

赖明选大半生生活在汤湖，目睹了祖祖辈辈出行的艰辛，也体验了汤湖到丰稔老路的不便，早有改路从印原寨、长南陂、歧坑口、丰朗岗头到丰稔，沿汤湖溪岸走的构想。仅改路，还要在村口搭桥过溪，仍改变不了因常发洪水出行受阻的状况。于是，他有了一个大胆的想法，如果能在狮象把水口处建一座石拱桥就好了。想归想，在那时，要建一座那么大的石拱桥谈何容易，工程浩大、缺资金、缺技术、石料采集运输困难，这事就搁了下来。

他取得功名到常州府做官后，仍惦记家乡的事业，改路建桥一直是他未了的心愿。万历四十二年（1614）赖明选省亲回村，召集村里德高望重和有事业心的乡亲，商量着在水口兴建石拱桥的事，他结合在常州任职期间看到和考察的常州水乡建造石拱桥的情况，跟乡亲们阐述了建石拱桥的设想和建造基本要求，并表示要把自己节省的俸禄全部捐出来用于建桥。营造拱桥，方便乡人，造福于民，是功德千秋的事。乡亲们听了赖明选的倡议和计划，都纷纷赞同，积极响应和支持，捐钱出粮，大户捐大头，小户量力而出，同时推荐赖明选的长子佩环作监工。经过半年的筹备，狮象桥于当年下半年开工兴建，第三年（1616）狮象石拱桥竣工，大功告成，全村欢庆，远在常州府还在任上的赖明选闻讯也欣喜不已，多年的夙愿终于得以实现。新建成的狮象桥气势恢宏，成为汤湖一处亮丽的景观。从此，人们来往丰稔等地方便多了。

汤湖民风淳朴，乡规相循。据赖立贞等人介绍，在狮象桥东西两端分竖了一个天灯和一个对狮子，直到新中国成立初还有。东端的天灯安装在5尺（约1.67米）高的四方石柱上，灯油放在四面见光的石头雕成的孔里，天灯柱一旁还放了一个鼓石，为方便添油点灯用。落夜时，点上天灯，为往崩山里、汤背、中坊等地的夜行人提供一丝亮光。桥的西端，也可以说是汤湖的村口，石狮子亦放在高5尺的四方石柱上，石狮脚孔里插了一枝竹尾巴，警示乞丐、地痞、流氓不得随意入村，更不能骚扰乡民。特别是村里有人办喜事，不得让这些人搅场，待喜事办完，客人回家后，主人会备一些酒菜好好施舍他们。

汤湖是世界赖氏重要发祥地，衍播五洲四海，仅朝美公裔孙就有80多万。汤湖赖氏早期（明朝初年）播迁主要往广东，目前已超60万人。他们情系祖地，每年回汤湖祭拜祖先的宗亲络绎不绝。他们从外地回来，经丰稔、过狮象桥，特别留意桥面28块路心石板；一些外省回汤湖祭祖，不经过狮象桥的宗亲也会特地到狮象桥看一看，一览此桥的雄姿。人们对28块路心石板记忆深刻，并代代相传其故事。当有汤湖赖姓族人外出遇到宗亲时，他们会考问："你是汤湖人，汤湖拱桥路心石板有多少块？"回答："有 28 块。"回答正确，他们认定你是汤湖宗亲，便会热情接；如果回答不出或回答有错，外地宗亲就会怀疑你不是汤湖人。狮象桥 28 块路心石板成为汤湖根亲文化的密码，是朝美公子孙永远的乡愁。

1970 年，汤湖到丰稔的乡村公路开通，狮象桥被当作公路桥使用，直到 2016 年冬开通二级公路止，其间三十六年里，经受普通车辆和重型车辆的碾压，狮象桥仍完好如初。此桥从建成到现在已有 400 余年，经过无数次洪水冲击，仍屹立在那里，说明该桥兴建时选址科学、工艺精湛，是一座高质量的古石拱桥，具有较高的文物价值。在这 400 年间，狮象石拱桥对汤湖以及周边村庄的生产发展、经济繁荣、对外交流都起到了重要的促进作用。如今，狮象桥已闲置，如果能予适当装修，在桥面上做一廊桥，那可是美不胜收。

地

灵人杰

◎ 黄莱笙

地灵汤湖

到了汤湖村，我的脑海里就浮起王勃《滕王阁序》，倒不是说汤湖也有阁呀塔呀或者"落霞与孤鹜齐飞，秋水共长天一色"什么的，而是王勃说的"人杰地灵"四个字。这四个字后来变为成语，意指某处人物杰出、地界灵异。我想，人杰与地灵之间，应是互为因果，人杰可以带来地灵，地灵也可以产生人杰。人杰地灵，应该是适用于汤湖村的。

当然，对于汤湖，我是知其人杰在先，揣其地灵在后。这不，到了村口，就见一柱石碑矗立，上刻"汤湖——世界赖氏重要发祥地"，并书"赖氏宗亲联谊总会、古赖国文化研究院立"。赖姓古老，其起源可追溯到春秋时期的赖国，是一个以国名为姓氏的宗族，目前全球300多万赖氏宗亲中有三分之一多繁衍于汤湖，其中不乏名士。

我一进村就被领到一处古木葱茏之地，远远望去有些异样，那繁茂的树冠似乎弥漫着团团灵气，令人猜想树底下有什么非同一般之物。近前就见到一座气宇轩昂的华丽建筑，却是赖氏家庙。家庙坐落于汤湖村最中心，地名上坝。我端详了一下，家庙呈观音坐莲形；绕着家庙走了一环，只见一条溪水自东北而入，环绕家庙流向东方，呈 U 形玉带悬腰。这个选址显然意味深长。

更让我吃惊的是家庙里面的一幅画。家庙正殿左右墙体悬挂几十幅白描国画，描绘赖氏家族与汤湖有关的重要历史事件和人物，每一幅似乎都是一个故事，讲述不能忘却的汤湖往事和传说。左边墙面悬挂的第一幅画引我驻足良久。画面上方，浑圆的太阳，祥云飘逸，众鸟翱翔；长空之下，群峰耸立，云气缭绕；山下，树木挺拔，楼宇隐约；近景是一块大岩石，站立着两个身着宋服的先生，一个目视远方，似在聆听，面朝他的另一人打着手势，似乎诉说着什么；画面右上角隶书四字"布衣堪舆"。此画讲述的是赖布衣堪舆汤湖村的传说。

赖布衣何许人也？中国历史上著名的宋代堪舆大师。赖布衣，原名赖凤岗，字文俊，又名赖太素，道号布衣子，故也称赖布衣，又号称先知山人，江西省定南县凤山岗人，生于宋徽宗年间（1101—1126）。他曾任国师，后受奸臣秦桧陷害流落民间，改名赖太素，以风水术扶危济困，助弱抗强，留下了许多神话般的传说。在电视剧《赖国传奇》中，赖布衣被塑造为"神通广大、精通天文、神机妙算、妙趣横生"的国师形象。赖布衣人物题材更是频频亮相当代影视界，20 世纪八九十年代香港就拍摄有《赖布衣》《赖布衣妙算玄机》《寻龙剑侠赖布衣》等多部电视剧，内地 2009 年也摄制了电视剧《赖布衣传奇》。民间还盛传许多赖布衣的奇闻。比如，传说赖布衣所著《青乌序》刚刚脱稿就被南华帝君的使者白猿取走，经一百多年后传给了刘伯温，刘伯温凭此辅佐朱元璋成就了帝业。又比如，据传香港、广州等城市都是由赖布衣勘定选址。龙岩市永定、上杭等地也有许多赖布衣传闻，盛传赖布衣云游赣闽粤途中在汤湖附近逝世，遗骸葬在距汤湖 6 千米的上杭县丰稔（稔田镇）枫山下文星赶月形。那个地点因 2000 年当地棉花滩电站建设占补平衡造田，被埋在田以下四五米。

可是，赖布衣堪舆汤湖村是怎样一种具体情形？留下了什么具体内容？我多方询问赖氏宗亲乡贤却不得而知，更找不到堪舆文字资料记载。

堪舆，是运用多种学科理论和先民智慧来合理选择合适地理，发现和开掘形成地灵，以便更好地保存对人有益的能量。《淮南子》说："堪，天道也；舆，地道也。"堪即天，舆即地，堪舆学亦即天地之学。传统堪舆学以河图洛书为基础，结合八卦九星和阴阳五行的生克制化，把天道运行和地气流转以及人在其中融汇起来，形成一套特殊理论体系。21 世纪以来，堪舆学不仅被当作传统文化而且被当作环境科学来看待，被广泛地运用于生态建设、环境建设和城乡规划建设之中，是新时代一个创新性发展和创造性转化的命题，许多高校开设了堪舆学专业或课程。基于此，我觉得"赖布衣堪舆汤湖"这幅白描国画颇有些玄机。

中国传统堪舆流派众多，总体上区分为"峦头派"和"理气派"，赖布衣属于"理气派"，著述颇丰，但留传下来的仅《催官篇》一部经典，被称为理气派风水鼻祖代表作，收录在清朝康熙年间编纂的《钦定古今图书集成》。我曾经读过《催官记》，这部书分龙、穴、砂、水四章，以文言歌谣的方式讲述。在堪舆学里，"龙"指的是山势，因山脉逶迤起伏如龙形，故称；"穴"指的是气随龙而来所聚集的点，山的气脉凝结，与水交会结穴，山水相交、阴阳融凝处即是穴;"砂"指的是环抱于穴场四周的山冈土丘,察砂则是探寻能够聚气藏气的地理环境;"水"指的是与龙、穴、砂有关的水,被视为地之血脉,山不能无水,无水则气散,未看山时先看水,有山无水休寻地。《催官记》强调以风水助贵人,可以理解为出人杰的地灵应用理论。

我在村人的引导下,绕着村庄来回穿梭领略,结合有限的资料查阅,对赖布衣堪舆汤湖做一番粗浅的地灵文化猜想。

汤湖形胜,是美妙的生命能量聚合空间。把汤湖村整体视为一个阴阳交汇凝气的穴场看待,粗略地观龙察砂可见,此村背靠三重山脉,前方明堂案山生动,当年赖布衣在此地喝形取象,应有赞叹。

三重山星峰青翠叠嶂,峦头柔和,山势逶迤环抱,龙脉一目了然。家庙正后方是第一重山,叫天棚岗,海拔 310 米。第二重山是袍山,又名山金崇,海拔 1010 米,距汤湖村约 10 千米,《清·乾隆二十二年(1757)永定县志》称之"岩岫层叠,如衣襞积",并载诗曰:"乾坤俯仰浩无涯,高入云霄是我家。一壑一丘团骨肉,不雕不琢自风华。连峦晴看清秀色,古树春开得意花。闲曰追欢随父老,细听松下话桑麻。"第三重山是茫荡洋,海拔 1477 米,直线距离汤湖村约 30 公里,被视为汤湖祖山,《明·嘉靖六年(1527)汀州府志》称其"峰峦崭绝,林木参天,人迹罕至"。

汤湖村前方案山叫明阳寨,亦称明良山,苍翠秀丽,山势弯环向抱如玉带眠弓。《上杭县志(1938 年)》描绘明良山曰:"顶平旷,旧筑有寨,有庙宇。清中叶扩大之,辟禅舍为书室。乡人陈苣川设教于此。后乡先进教学不绝。薛洛诗云:古寨前朝辟此山,明良何日觐天颜;东厢书室西禅室,铎韵钟声自往还;势凌嵩华万峰围,门外梧桐叶乍飞；入夜银河清似水，无边风月映书帏。"

汤湖水趣盎然，生风纳气宜养天命。汤湖村名，取的是水意象，暗合了赖布衣堪舆学中吉水为上的理念。不知汤湖村古时是不是湖泊，现下只有溪流，却是茂盛充盈。溪水发源于袍山，自村东北流入，呈 S 形穿村而过，弯弯曲曲向东南流出，村舍簇簇坐落在溪边，溪水流向隐藏不见，消失在明良山的峰峦丛中，正如赖布衣《催官篇》所说的"朝流长远，抱城绕穴"形态。汤湖村名以"汤"打头，确有温泉。我去看了村中地热泉眼，见到石墙围住一汪冒泡的水，漂浮着一些类似硫黄凝结的杂质，沸如蟹眼，热气蒸腾，不知流向何方。在堪舆学里，温泉是龙脉生气旺盛的表现，若是水口有关栏而流出密闭，则有利于蓄积生气。这脉温泉一派生机勃勃景象，使人感到汤湖村宛若山环水拥生旺的蓄气场。

在汤湖村遇见的每个人，都热情洋溢，谈到村庄的发展，眼睛闪着明亮的光芒，对答时常常出语不凡。我想，最好的风水其实在人的身上，王勃所说的人杰与地灵在汤湖形成了互动，如若赖布衣再世堪舆汤湖，说不定他的《催官篇》会加写一章评人的杰作。

◎ 蔡天初

品读汤湖地理

作为地理爱好者，我最近读了《改变世界的100幅地图》（杰里米·伍德著）、《改变世界的地图》（西门·温契司特著）和《这里是中国》（中国青藏高原研究会·星球研究所著）三本书，作者都提出"像读小说一样读地理"，引起我对地理的浓厚兴趣。

辛卯年冬第一次走进龙岩永定的汤湖村。踏上这块土地，我就感觉到了历史的脉络清晰如缕，文化的沉香扑面而来。汤湖，呈现出自己的文化特色，让人欣喜，也让我对汤湖的地理充满期待。

我打开"卫星地图"，从卫星上鸟瞰汤湖村，轮廓很清晰，村庄海拔约220米，人居范围面积大约1平方千米，总面积约5平方千米的土地"仰天而置"。近年拓展了空间，村域越来越大，仿佛是美丽的桂冠，折射出耀眼的光芒，散发出强烈诱惑力，一下子把这一切举到我眼前的时候，感受前所未有的视觉冲击。

地理就是一个很好的角度。现代地理学家多依据地貌来划分中国的地理单元。论高原，有青藏高原；论平原，有华北平原、东北平原等。小小的汤湖是个小小的盆地，就是这样一块面积不大的小小区域，地貌景观却极富美化，自然山水景观资源丰富而多元，似乎集中了人们对汤湖地理的全部美好想象，令人惊叹。

从地理的视角探索、认知汤湖"树、山、溪、路、桥"景观要素，用地理格局叙事，感悟自然的律动，同时能将这种认识转化为文字，是一件非常有趣的事情，让更多人了解汤湖，了解汤湖地理。

树

宇宙间美的东西很多，古树在其中居重要的地位。

想不到，我认识汤湖地理，是从三面环水的汤湖上坝赖氏家庙前一长排大古树开始的。永定文旅局四级调研员赖红文介绍说："家庙前有一棵古樟树、一棵古枫树、两棵大榕树，在戏台边还有几棵古榕树，在进村迎面的归来石旁边，也可见一棵大古榕树。"

抬头仰望，赖氏家庙四周树木成林，一棵棵硕大的古树参天，高大雄伟，沧桑的年轮雕琢着岁月的痕迹，将自己凝敛厚重、朴实无华和脚踏实地的风韵展现给世人，令人感受其盎然与神韵，成为汤湖一个特殊的地理位置坐标。看得出，古树主干分蘖几枝，干盘曲而张扬四方，若擎天巨伞，树冠相衔，顶如纱覆盖，绿意遮天，充满了神秘的生命力。奇怪的是，据说无论春夏秋冬，人们总可见到苍老枝条上冒出的红星似的小芽，看熹微的阳光慢慢地照透那粗壮的枝条，沉淀了诸多岁月与记忆，总让我蓦然产生那至纯至真的信赖和感动。汤湖人说，汤湖古树有灵气，有文化，有品位。

当然，不难寻证到命名古树的答案。我查阅一些资料，读到不多的零星记载。说是，"四面青山环抱，绿水穿行"，森林覆盖率达 80%，负氧离子量平均浓度在万个以上。汤湖属亚热带季风性气候，阳光充足，降雨充沛，无霜期长，全年平均气温20℃，年降雨量1600～1800毫米。这里四周万木并立郁郁葱葱，远处山峰清晰可见。是垂直自然带极丰富的地区之一，杉松林、经济林从山地树林到高山灌丛，再到丘陵，松木林、杉树林、栲树林、槠树林、枫树林、铁杉林，山林面积1798亩，全村耕地2386亩，宜种柚橘橙果作，还有约3000亩的果园，都在不同的海拔高度各得其所，美轮美奂。有人说，这里的石头都是绿色的，到处都是那么美丽，那么清新，移步易景，人们誉为"村在树中，树在村中"。的确，伫立其间，离开喧嚣的城区，去感受每一棵树的气质和温度，一缕缕清新的气息顿时沁入心脾，使你感到惬意，真是个好地方。

百年大计，教育为本。春秋战国时期管仲有句名言："一年之计，莫如树谷；十年之计，莫如树木；终身之计，莫如树人"。管子又说："一树一获者，谷也；一树十获者，木也；一树百获者，人也。"因此，只要提起古树，我自然把它联系在一起，让你回味无穷。培养人才是长远之计，培养人才也是不容易的，当你了解了赖氏家族的历史，就不能不被那些拼了性命、不忘初心、牢记使命，为社会文明而努力奋斗、勤劳勇敢的赖氏人所感动。汤湖人杰地灵，人才辈出，"汤湖赖氏家声远"，昔日的"新芽"，又长成了参天大树，成为社会各界的栋梁之材，喜悦心情自不必说，这些都被世人所讴歌所记述。

令汤湖人感到骄傲的是，无论春夏秋冬，汤湖草地上不知名的小花朵，从春天开始，过一阵换一种颜色，到夏天又一团浓绿，秋天见到旁边枫叶变红，相映成趣，总让人明辨四时，带色在目，给你欣喜。但古树无论春夏秋冬，总是翠绿在目，这也算是到汤湖后我对古树的一种寄托。在对汤湖地理的分析、比较、归纳、演绎中，感受地理规律美的无穷魅力的开始。

在汤湖人的意识中，"十年树木，百年树人"，占有最为重要的地位。

山

汤湖地处永定区合溪乡西部，在永定与上杭两区县的结合部，西与上杭县稔田镇相依，北与上杭县太拔乡、蓝溪镇相邻。

那天，我们兴致勃勃驱车前往，一路上一眼望去，这儿的山，几乎没有一点裸露的地方，绿色垄断一切，绿光闪烁逼人，山的美全然就是那绿，植被茂密郁郁葱葱，令人炫目，似乎绿色是这山的魅力所在。

汽车连着拐了几个陡弯，驶进一片缓山坡，和别处不同，映入眼帘的是四周群山耸立间环抱着一块盆地。实际上，汤湖村周围群山环抱，峰峦绵延，山连山，山接山，紧凑至极，大岭崇与西华山分别倾伏于东西两侧构成主要天然屏障，地形以丘陵为主，背靠袍山（三金崇），村口小山包形似狮象，周边山梁似游龙，犹虎跃，梯田一层层地向山顶延伸，如密密麻麻的等高线，"灵接袍山狮象把水口，鲤嬉莲池龙虎竞舞娆"，这是汤湖地形的真实写照。赖红文比喻其"金盘落洋"。

听赖红文介绍，似乎在上一堂专业课："汤湖地处北回归线北侧、中亚热带向南亚热带过渡地段，属中亚热带海洋性季风气候，其特点是湿润温和，夏长而不酷热，冬短而无严寒。多数年平均气温 20℃，降雨集中在每年的 3—9 月，6 月最多。"他又说："地处博平岭山脉和玳瑁山山脉地带。这两条山脉分别形成3种地貌类型，中山区和低中山区，形成河谷盆地和山间盆地。"乡所在地"石塘里"海拔420米，比汤湖高出近200米。

特殊的地理位置使得这块土地在历史的演进中山岭起伏密布，出现了峰峦耸峙，地形、地貌多变化，生态环境多样，动植物资源丰富，种类繁多，珍稀物种不少，植被保护完整，生态系统功能健全，为具代表性的亚热带内陆丘陵山地自然生态系统。

"汤湖山坡四季不同景，特别在冬季由于北面高山挡住寒流，仍青绿一片，赶上冰雪融化的良机，在坡顶上还可目睹雪水沿着山脊流下，美不胜收。"合溪乡领导赖万安如是说："1975年，汤湖曾经下过一场鹅毛雪，厚约一厘米；1978年，也飘过一次雪花；1992年，下过较重的米头雪，我们叫米加雪冻雨，在袍山海拔500—700米经常有米加雪。"我想起1200年前诗圣杜甫在成都遥望"西岭"时留下千古名句"窗含西岭千秋雪，门泊东吴万里船"，这也似乎是为袍山量身打造的诗句，从汤湖向袍山眺望清晰可见的墨绿色山峰，足见其美。这些景观被人们一一回忆指认时，更显汤湖魅力所在。

《明·弘治二年（1498）八闽通志》记载："黎袍山蓊郁苍翠，远望如画。茫荡山，盘踞上杭永定两县间，山势崭绝，人迹罕至。棕山嶂，在县北胜运里，山势峻特，绵亘百里，林木葱茏，四时不改。"从卫星地图上看显得特别醒目。

山，有仙便有了禅意和灵性，也便有了好风水。汤湖村的西华山寺，闻名遐迩，有着几百年的历史，景色优美，传说离奇动人，更显神秘、幽深，以它特有别致的气息征服四方来客。奇怪的是山上树木葱茏，庙隐其巅，一处奇异的自然景观，却给人们带来无限美丽的遐想。

这神奇的山体是自然的馈赠，但它同时也考验着人们的生存能力，世世代代如何建设这永远居住的绿色"山家园"。

溪

汤湖所属的合溪乡，因境内武北溪和溪南溪两条主溪汇合成一条溪，而称合溪。打开地图我们会发现，汤湖的水流用"溪"命名，看不到什么"河""江"命名的水流。

众所周知，"溪"这个概念的出现，是指相对比河流窄、水流速度变化多的自然淡水水流。一般来说窄于5米的水流称为溪流，宽于5米的称为河流。通常溪流都在河流的上游，和山谷一带，湍流和不平坦的河床亦较常见到，因此，"不临深溪，不知地之厚也"。从文字上看，溪形声，字从水，从奚，奚亦声，"奚"意为"世世代代"，"水"与"奚"联合起来表示"世世代代流淌的水"。

汤湖村域图形，如一朵莲花，四周山脉形如布满在荷叶上的粗细不等的叶脉，山川十分明显，而山间盆谷溪流，同样容易辨认，永定有三个水系"汀江、梅潭河、梅江水系"，四大河流"永定河、金丰溪、黄潭河、汀江干流"。永定区境内河流由于县内峰峦耸峙，溪河切割强烈，均属山区性暴涨暴落河流，受地形、气候的影响极大，其特征是水量丰富，河道坡降大，流速快，汇流时间短。黄潭河源于上杭，从永定区仙师乡齐潭村入境，流经三坝、犁头咀、池溪、河西、上河口到洪山乡下河口注入汀江，汤湖溪（包括梅子坑溪、马子凹溪、上圳溪）为其主要支流。汤湖溪是汀江水系的黄潭河，在仙师乡金寨村齐潭入境，至华侨村河口汇入汀江主要支流。

汤湖溪蜿蜒流淌，多彩多姿，天矫如龙，呈"S"形铺散在汤湖这片沃土上。汤湖的气候、地形、土壤、水流形成的风水宝地，促进农业生产，发展了农业，也发展了定居的聚落形成汤湖村，积累了文化的创造力，始成汤湖溪大器，也就是汤湖地理的故事，及对于形成汤湖溪这一过程的解释，在这一故事中，也占有更大的地理空间。

难得的是，汤湖溪是流经汤湖的唯一溪流，村中溪水蜿蜒曲折，环绕村庄。我们看到的是溪涧各段宽窄不等，溪谷型和溪曲型谷相间分布于境内，呈现明显的串珠状特征，村里一处温泉眼，富含微量元素，水温63℃，流量17.8升/秒，系闽西流量第一，是"汤湖溪"的最显著特点。

汤湖溪两岸野生植物种类繁多，溪滩上分布着形态各异的花草植物，不少种类具有很高的观赏价值和景观价值，有观花、观叶、观果、观形、观赏竹类、攀援缠绕植物等。春夏秋冬景致各有不同，四季都有一幅别致的风景画，春天的百花盛开、秋天的硕果累累、入夏绿树成荫、初冬霜叶满山，随着季节更替树冠颜色发生明显的季相变化，哪样不使你流连忘返？那天下午，一场不期而遇的细雨，又让我们感受到溪水的另一种美丽，淅淅沥沥的雨，让这空气变得更加清新。不一会儿，只见雨雾升起，整个溪谷便浸在那云蒸雾罩之中了，带给人的是一种惬意，你会情不自禁地收纳吞吐，你会有一种飘飘欲仙的感觉。雨过天晴，站在溪坝头上，只见四周长着一人多高的灌木丛，成了很深很深的青色，一览奇景，更觉不虚此行。

汤湖的灵气本来就是来自汤湖的山和溪，山和溪的魅力就是这汤湖村的地理要素魅力所在。汤湖的溪，与山光水色相映成趣，你无法去形容、去描述这古朴、优美、纯净的地理单元本色美，只好让她的风韵完全融入你的视野和怀抱。

路

交通，是一个地方的血脉。在人类交通的发展史里，道路交通是不能缺失的一页。

永定境内山高岭陡，历来交通以陆运为主，古时与邻县及城乡之间靠古道相通，人们外出只能步行、乘轿，货运全靠肩挑、背驮。我向来对古道有一种亲近感和莫名的兴奋，《2015年上杭县蓝溪镇志》记载：汤湖村二条古道（石砌路），一是蓝家渡通合溪过胜运石拱桥，到曹日坝里，店子角头；二是蓝家渡通永定汤湖。《永定县志》（道光版）记载，两个关隘在胜运里水槽凹隘和蔡坑隘。特殊的地理，在未有公路以前交通不便，只能靠古道。在漫长的岁月里，群众逢山辟小路，越溪架便桥，浅水设碇步，历经改线、加固、铺石、沿途建路亭、岭旁多栽树，渐成古道。当然，古道是人们长期以来的一种约定俗成的理解与认定。据史料记载，说起古道，今天更是成为大家驻足倾心之所，有一种令人心神迷离的情结。如今，古道作为一个历史见证，无论是自然风光，还是人文景观，都蕴涵着久远的叹息，其意义和价值，随着时间的流逝而日益凸显。

如今，走进汤湖，置身其中，耳闻目睹汤湖交通事业快速发展，汤湖创造了跨越发展速度，向世人展现。如果你打开地图，就会发现汤湖村地理位置位于龙岩市永定区合溪乡西部，距乡政府所在地 17 千米，距永定城区 30 千米。汤湖属永定区西北面山区与上杭县交界处，距上杭县城 40 千米，距永杭高速公路稔田互通 8 千米，交通便利。再看，汤湖村县道通至 309 省道约 5 千米，东距厦深高铁龙岩站 90 千米，从市区驱车 1 小时多便可到达。

人们常说："经济发展，交通先行"是政府理念，"要想富，先修路"是百姓心声。在乡党委、政府的领导下，村两委干部带领全村村民完善各项基础设施建设，全面完成了自然村道路硬化新建改建道路，其公路交通史不断谱写出新篇章。有着详尽的记述：从 20 世纪 70 年代开始，公路里程稳步增长，修通乡村公路，道路交通状况得到较大改善。全村已形成二个闭环的交通网络，通往外部世界的道路也修成了 2 车道的"通衢大道"。

近年来，汤湖拓展城市生长的脉络从道路开始，公路交通迎山接地，融山、地、桥、城为一体，汤湖的公路网从原先的"工"字形路网，发展成为现在的"王"字形、"田"字形、"曲"字形路网，记录时代的特征，不仅仅是路的延伸，更是连着过去、现在和未来，堪称是汤湖巨变最具典型意义的鲜明写照，令人感动，令人感慨！

对交通建设高度重视，积极配合省、市建设规划，区委、区政府不遗余力。好政策必然产生好结果，如今汤湖公路建设进入全面提速阶段，不能不让人感佩。

路段改造工程被列入为民办实事项目，同时实施通自然村公路水泥硬化工程、群养农村公路安保工程、农村公路绿化工程和加强公路养护工作，极大地改善了通行状况，做到群众出行更加安全、便捷、舒心。赖红文告诉我：永杭高速出口距汤湖仅 15 分钟车程；周边有厦门、梅州、连城三个机场，均在 2 小时左右车程。

"走路的人，路在脚下；修路的人，路在心中。"路网有约，公路部门贯彻"建养并重，协调发展，深化改革，强化管理，提高质量，保障畅通"的方针，取得很好效果，公路交通建设，追求的永远是"更好更快"！

汤湖的交通现状，作为历史的见证，充盈着神奇，承载着众多关注和欣赏的目光，给我们新的记忆，总让人感到惊喜。在新一轮的创业中，却是自然所在，历史所在，文明所在。路的前方，让人兴奋，让人期待。

桥

人的一生不知要走过多少桥，在桥上跨过多少山山水水，欣赏过多少桥的风采，领略桥的诗情画意，看到各式各样桥梁所起的作用。

走进汤湖，我又有了意外的欣喜和惊诧。汤湖有"桥村"之称。汤湖溪流弯曲，跨溪之上的桥自然也多，石拱桥梁竟多达 9 座。应当附带提一下，我国最早的桥在文字上叫作"梁"，而非称"桥"。应该说，汤湖历史上最初出现的人造的桥，离不开这三种基本形式：一是在最小狭窄的溪面上单孔的木梁；二是在浅水而较大溪上以堆石为墩的多孔木梁；三是在水深而溪面不太宽的溪上就是单孔的石拱。除此以外，汤湖没有水深流急而面又宽的大河，所以也就没有只过人而不行车的悬桥。"梁桥、拱桥、悬桥"是桥的三种基本类型，所有千变万化的各种形式桥，都由此脱胎而来。据了解，汤湖最早的石拱桥叫狮象桥，建于明万历四十四年（1616），位于汤湖村口，以后汤湖桥都在 20 世纪 70 年代由木桥改成石拱桥，被誉为石拱桥"博物馆"。

这一天里，赖红文带我看了下圳组杨梅坡修路接桥、河堤建设、路面硬化、路桥护栏设置，还有"汤湖村中一组 61-1 与中二组 68"前的一座桥，这是座用大块石头垒基础修复的水泥铺面的石拱桥。

在村口有一座桥，尽显古朴苍劲之态，看来有相当久远的历史，据说建于明朝，桥基为石块垒砌，而且是用长方形石块建拱支撑桥面建筑，如今上可承载重型的货车。值得一提的是，仅用长方体石块支撑在两岸的岩石上，底座拱成"梯形"，不用其他材料，完全靠它本身的强度、摩擦力和直径的大小、所成的角度、水平的距离等简单巧妙搭接而成。这是中国桥梁技术的一个特点，在古桥今用这件事上是引以为豪的，这也是绝活。

驻足桥前，心中牵出一道世界上著名的"七座桥数学题"，这是一个很难也很有趣的问题："在今俄罗斯加里宁格勒的普莱格尔河上有 7 座桥，你能不能一次走遍所有的七座桥，而每座桥只准经过一次？"是否存在一条路线，可不重复地走遍七座桥，最后仍回到起始地点。1736 年，数学家欧拉解决了这个问题，并且推出了欧拉定理，进而转变为数学分支"图论"中的笔画问题。欧拉证明了要想一次不重复地走完普莱格尔河上的七桥是不可能的。后来，欧拉为数学新分支拓扑学的建立奠定了基础。对汤湖 9 座桥，我好奇并很感兴趣，想亲历试验，不重复地走遍汤湖 9 座桥。这次走进汤湖虽然不能如愿，但我相信，到汤湖旅游的游客，总是有办法找到一条道路一次性走完"汤湖九座桥"，给汤湖留下一道数学题。

看不完的汤湖桥，写不尽的汤湖桥，汤湖多桥、景观给我留下铭心的印记。我感觉对汤湖地理既陌生，又熟悉；既有神话，又有现实；既属于历史，又属于当前；既显得遥远，又显得很近，我怀着这种心情，与汤湖地理美丽有约，感觉尤为浓厚。

希望有一天，我们能阅尽汤湖的方方面面，这里的我们，也包括你。

红色土地

◎ **万小英**

醒来的果林

　　"人有生有死，文明有兴有衰，唯有大地永存。"这是 20 世纪自然文学作家爱德华·艾比所发出的感叹。土地是永远的，这也正是我喜欢农村的理由。

　　永定的汤湖村是个有意思的小山村。名为汤湖，其实无湖，据说乃四面环山，地形如湖之意；不过汤乃温泉，我更愿意将"汤湖"视为土地之下的湖——看不见的地底泉湖。只是这里虽地热资源丰厚，但并未开发，所以在我的感觉里，它外表淡然，但内里怀抱着火热，正等待着未来氤氲腾腾。

　　耕地曾是汤湖的命脉。汤湖偏僻，归属于被称为永定区的"西伯利亚"的合溪乡管辖。这里地势平坦、海拔较低，村子守着田土过日子，耕地、粮食都曾是全乡第一村。20 世纪改革开放之初，汤湖人不再被土地所拘，在几名头脑活络的村民带动下，大家纷纷走出去，卖电脑网线和相关配件，在深圳华强、赛格，北京中关村、上海电脑城等全国大中城市的 IT 商海遨游，触角延伸遍及全国，一根小小的网线生发过亿元产业，一时堪称奇迹。就这样，"泥腿子"踏上富裕路。小山村在短短几年时间内建起了数百栋小洋楼，几乎每户一栋。不过，八成的村民在外打拼奔波，也使得平日的村中显得那么寂寥冷清，多数人家只有老人在守护着，等待着佳节年关，孩子们开着小车从天南海北赶来，把汤湖小小的村道堵个严严实实，热热闹闹。

穿过楼房，我的目光投向了门前墙角夹缝中的菜地，秋后收割后的稻田……今天的农村与过去相比，尽管发生了很大变化，但有一点不变，也不可能变，那就是只要平静地在那里驻足，就可以发现生长着的土地，以千百年以来的姿态长出食物，长出抚慰，长出农民。

更远一些，是令人惊叹的山中果林，长满了蜜柚、脐橙、芦柑。今天的汤湖是远近闻名的橙乡、橘乡和柚子之乡。汤湖人招呼客人喝茶，必然同时剖开几个蜜柚或橙子。这是从这片土地长出来的，格外甜。

说起汤湖的蜜柚和千亩果林场，不得不说到他——赖际发。1910 年，赖际发出生在汤湖一个贫苦农民的家里，后来在恩师吴仰文的指引下走向革命道路，1982 年 2 月去世。他先后担任国家重工业部副部长、国家建筑材料工业部部长、国家建设委员会副主任等职。1956 年，国家建筑材料工业部成立，他是第一任部长，也是新中国建材工业的奠基人。赖际发对家乡感情很深，相继把三个儿子送回来锻炼，长子赖纪锐一干就是 10 多年。

赖纪锐后来当上福建省林业厅长，仍时刻惦念着汤湖这片故土，他四处奔走呼号，动员社会力量扶持汤湖老区建设。汤湖学校、通往外部的水泥公路、千亩汤湖果林场等，都是在他的支持下建起来的。他去世后，追随父亲的遗愿，将骨灰埋在故乡。

他要永远地守护着这片土地。千亩果林场也正是汤湖蜜柚生根开花的地方，或许是有这份浓浓的乡土之情融入，长出来的蜜柚格外甜淳。千亩果林场 1986 年建成，事实证明，这个决断很有远见。汤湖村地形以低山丘陵为主，四面青山环抱，四季阳光充足，雨量充沛，全年无霜期长，适合水果生长。当年近千亩的果林场，其中 600 多亩用于种植蜜柚。现在汤湖村的果林面积已达 3000 亩，年产蜜柚 500 万千克，畅销远达海外。

此刻的闽西还很温暖，好几棵橙树还挂着或青或黄的橙子。山坳里一大丛的鸟儿扑棱棱地欢快翻飞，是麻雀。美国作家约翰·巴勒斯在《醒来的森林》中说的，"鲜有作家称赞那个常见的小麻雀的歌声。然而，但凡观赏过它栖在路边，竭尽全力地重复着那支美妙滑润的歌曲的人，谁又能否认他是一个被忽视的歌手呢？"我被麻雀的唧唧歌声吸引，目光跟随它们飞翔的身影看向了这座山。

这座山是被村里一位汉子承包的。他骑着摩托赶来，我们就开着车跟在其后往山上进发。红泥土的山路是铲挖出来的，宽度只容一车，在往上攀爬的过程中时时让我发出恐惧的惊呼，害怕滑落下去。开车的赖大哥笑着安慰："走这种山路是基本技能，你要相信一位乡镇干部的能力。"

到了海拔 200 多米处，可以看见搭盖的几间房子，几只颜色油亮的鸡欢快地在满地觅食。一旁还围砌了一个水池，是从山顶引流下来的泉水。这里是赖晓明的家庭农场——对，这位骑着摩托车，也是这片花果山的主人就叫赖晓明。今年 46 岁的他，皮肤黝黑，穿着一身沾土的迷彩服，有着朴实的笑容。山上的视野很开阔，天朗云清。他指着对面的山说，1995 年，18 岁的他就开始跟着父亲承包那里的果场种水果。他所指的正是最早由赖纪锐支持建设的汤湖千亩农林场。在那里，他学会了种蜜柚。2013年，他担心无法继续承包到原有的果林，毅然转到这个山头重新开发。

这座山原本是一座荒山，灌木杂草丛生，野猪老蛇乱窜，一切从零做起。首先是开山，我们一路上来的山路，就是他雇人挖铲出来的。他唤醒了这座山！通过30年土地流转承包，他起先拥有几十亩地种果树，规模越来越大，现在已经有了一百亩的果林。他从赣南买来一年生的脐橙树苗，栽种、培育、嫁接，从柔嫩的幼枝到可以挂果收成，基本五年内都只有付出而无收入。可以想象，那是一段难熬的日子，只有怀抱着强烈的信心才能够坚持下来。到今天，他的果林场有了三千多棵果树，光蜜柚就有三种，有白肉的、红肉的，还有三红的（表皮、内绵、果肉都是红的），还有赣南脐橙、芦柑、长叶香橙等，总共投入百万元。

他挑起两个水桶，领着我在果树林里转悠。来之前，我想象果树是高大的，要仰头才可以见到那些累累果实，到了这里，才发现它们其实并不高大。可能这是用技术故意矮化的结果，方便采摘。他指着一丛小苗说："这是枳壳苗，作砧木嫁接柚子、橙子等育苗，这样就不用去买树苗了。"我正吃着橙子，吐出果籽，顿时有些发呆。看着小小的籽、青嫩的苗，又环顾四周粗壮的树，滚圆的果，果树林里时时刻刻在演绎着生命的奇迹！

赖晓明虽然跟父亲在千亩果林场干过，懂得基本的果树种植技术，但是当他自个儿做了果林农场的主人后，果树从无到有，事无巨细都要负责，他深感自己的技术水平还不够。所以他又报考了福州农业职业技术学校，函授加面授，用了三年时间，成为懂技术的农技专业人员。在果林的摇曳生姿里，他的小家也生根发芽，娶妻、接连生下三个孩子。他每天都要和妻子来到果园，扶枝、松土、嫁接、观察长势……

我问，果树开花的季节很美吧？他说当然，满山香得很。听他这样说，一幅画面仿佛在眼前：白色的柚橙花香喷喷地开了！黄灿灿的柚橙从漫山遍野采下，在汤湖村滚得满地！大山被果林唤醒，果林被汤湖唤醒！开花结果的季节，是一场盛大的邀请。

所有的土地都在生长着故乡。我的故乡离我很远，但在每一个乡村，都可以找到它。所以不妨说，到汤湖村的那一天，我也到了我的故乡；在每一个流着汁液的果实里，我也到了我的故乡……

◎ 邱云安

故土情深赤子心
——赖际发父子的故乡情结

福建永定合溪乡汤湖村是全国旅游扶贫试点村。这里青山环抱，溪流清澈，一栋栋新式别墅依山而建、拔地而起，温泉雾气氤氲的汤湖村，是有名的革命基点村，也是新中国"建材工业之父"赖际发的故乡。

2023年11月14日，我随福建省炎黄文化采风团冒着寒风细雨来到汤湖村，在赖氏家庙前，鞭炮齐鸣，锣鼓喧天，当地群众以如此热烈的方式欢迎我们的到来，让我们甚为感动，心生温暖。赖际发的孙女赖兰连站在欢迎的人群中，她身材敦实，短发圆脸，脸上露出纯朴的笑容，黝黑的皮肤上依然可见岁月的沧桑。她告诉我，她今年已经64岁，她爷爷赖际发自20岁加入红军到与世长辞，仅在1959年回永定老家一次，那年她刚出生，所以对爷爷的那次回乡没有任何记忆，是她长大后父亲告知她的。虽然如此，但赖兰连深为爷爷骄傲，她说，她爷爷16岁参加革命，历经了国内革命战争、抗日战争、解放战争，是永定在中国共产党历史上仅有的两位中央委员（张鼎丞、赖际发）之一，新中国建立后他一直为建立和发展我国的建材工业鞠躬尽瘁，是新中国建材工业的奠基人。她对父亲赖纪锐也是饱含崇敬之情，她父亲是家乡这块沃土上培养成长起来的一名领导干部，时刻不忘家乡，对家乡饱含浓烈的挚爱，情牵家乡发展，为家乡建设尽心尽责，作出了很大的贡献。

今年93岁的赖尚彪老人提起从村里走出的骁勇善战、情牵家乡的赖际发父子，禁不住热泪盈眶，村民们的自豪感溢于言表。

建功疆场

1910年10月29日，赖际发出生于福建永定汤湖龙潭自然村的一个贫苦农民家庭。其父赖锦标除租田耕种外，兼当吹鼓手。这种职业在当时社会地位低贱，受人歧视。赖际发到了上学年龄，想上学，但遭到了拒绝，学堂认为吹鼓手的儿子进学堂有辱孔夫子。后来，他的好学感动了老师，并答应给学校当杂役，帮老师做劈柴、带孩子等家务事才进了学校门。此后几年，他上午读书，下午帮家里干农活。在艰苦的环境中，他读书刻苦，成绩优秀，15岁高小毕业，16岁那年，永定师范迁到汤湖。在师范任教的中共党员吴仰文的帮助下，他入读师范，实现了自己的夙愿。入读师范后，他又结识了在师范任教的中共党员阮山、卢肇西。他在这些老师的启迪、教导、培养下，接受了马列主义，走上了革命的道路。

1926年2月，国共合作掀起大革命高潮。为适应形势需要，在中共永定支部的指导下，永定师范组建共青团秘密发展赖际发、廖国光等学生为共青团员，他们是永定的首批团员。随即成立共青团汤湖支部，这是永定第一个团支部，也是福建最早的农村团支部。赖际发被选为团支部书记。

1927 年，"4.12" 事变后，赖际发在吴仰文等人的领导下，继续秘密发展农民协会和农民武装"铁血团"，准备武装暴动。

1928 年 7 月 1 日，张鼎丞指挥的"永定暴动"爆发。赖际发立即和吴仰文、李立民一起组织"稔田暴动总指挥部"，为暴动做了充分准备。8 月 19 日张鼎丞率领新改编成立的闽西红军两个团开赴稔田。随即，李立民、吴仰文、赖际发率领稔田、汤湖、调吴、官田等乡村农民举行"稔田暴动"。起义群众击毙民团团长和民愤极大的土豪劣绅，焚烧了地契、债约，开仓分粮，收缴民团枪支弹药。国民党上杭县当局十分恐惧，地方军阀郭凤鸣一个加强连加上纠集起来的逃亡民团共 500 余人疯狂反扑。因寡不敌众，暴动队伍转移到永定与上杭县交界的山区开展游击战争。是年 11 月，赖际发转为中共党员。

1929 年 1 月赖际发担任上杭稔田区区委书记，后又被选为上杭县委委员。5 月，毛泽东、朱德率领红四军解放闽西。5 月 25 日，红四军开进永定县城，赖际发和他的战友在东门桥头迎接，第一次见到毛泽东、朱德等领导同志。27 日，在南门坝举行的永定革命委员会成立大会上，赖际发聆听了毛泽东、朱德的讲话，从此翻开了革命生涯新的一页。

1929 年 12 月，"古田会议"后，赖际发投入了正规红军队伍。他参加了中央苏区五次反"围剿"战斗，打过多次硬仗。他英勇善战，敢于硬碰；对敌人疾恶如仇，对部属亲如兄弟；善做思想工作，团结战士，越打越猛，得到朱德、周恩来等的赞赏。如第四次反"围剿"中，红一军团和红十二军三面受敌，在前进途中，前面大山上有守敌挡住去路。赖际发率领的六团负责抢攻敌人的制高点，两天未能奏效。周恩来亲临阵前对他说：此山维系全军命运。赖际发趁夜带着一个连轻装直扑主峰，拂晓前当敌人发现时，他们已接近山顶，经过硬攻死拼，全连最后只剩下几个人，终夺下山头，掩护主力部队通过。

1934年10月赖际发被任命为红一方面军二师供给部长兼后勤部长，任务就是筹集军需，保证部队供给。10月16日他随红一方面军从江西于都出发，参加了举世闻名的长征，一年后胜利到达陕北。长征中，赖际发一面行军打仗，一面要在极为艰难的条件下千方百计筹集军需，保证部队供给，为红一方面军长征的胜利做出了宝贵的贡献。

抗日战争爆发，赖际发历任八路军129师民运副部长、"秦赖（秦基伟、赖际发）支队"政委兼晋中地委书记、129师后方政治部主任、晋冀鲁豫军区政治部主任，新编十旅政委兼晋中地委书记等职。赖际发在担任太行二分区政委时，建立了一支有几百人组成的精悍的、智勇双全的武装交通队，他们神出鬼没出入敌占区。先后护送过许多领导同志去延安参加"七大"；也迎接不少从陕北调往东北、华北、中南等地赴任的领导，以其在晋中的卓越表现，受到刘伯承、邓小平的评赞：政治坚定，勇敢积极，刻苦负责。

新中国成立后，赖际发先后担任重工业部办公厅主任、副部长、党组书记。1956年6月国家建筑材料工业部成立，他出任第一任部长、党组书记。同年9月他当选为党的八大代表。在会上，他作《增加建筑材料新品种，满足国家经济建设日益发展的需要》的发言。他以充足的理由，阐述了发展我国建材工业的五点意见，受到党中央和与会代表的重视和支持。

他任建材部长 7 年，在重工业部、国家建委主管建材工作 23 年，呕心沥血、竭智尽力在我国建材工业战线奋斗了三十多年，是我国建材工业的奠基人。

在赖际发的领导下，我国建材工业取得惊人的成就。发展了建材工业体系，开拓了非金属矿工业，填补了无机非金属国防尖端材料空白。

旧中国，建材工业十分落后，可以说是一片"空白"。仅有为数不多的水泥、玻璃产业，且极大部分集中在沿海一带城市，分布极不合理，产量低、品种少，根本无法满足新中国成立后的建设需要。赖际发走遍大江南北，经过一番调研后，认为根据我国的实际，建材发展的方向，只能先打水泥的主意，发展水泥制品。他提出了发展水泥工业三个思路：一是"母鸡生蛋"，即在现有的大中型水泥厂，就地扩建一个新厂；二是"三就原则"，即办新厂，就地取材，就地生产，就地使用。这是一个重大的决策，为以后在全国各地建设一大批大中型水泥骨干企业做出了贡献。三是"三老三新"，即老地区带新地区，老厂带新厂，老工人带新工人。这些想法列入了"一五""二五"计划。国家建材工业部先后在大同、英德、攀枝花等地建设了几十个大中型水泥厂，从根本上改变了我国水泥工业布局不均衡的局面。

在制定"二五"计划时他又补充了新内容，即"三代"：发展新品种，代替钢材、木材、棉布，缓和供需矛盾。在赖际发这一思路指导下，我国"三代"产品迅速发展，如穿梭于江南水乡的水泥船，伸向四方的铁路水泥轨枕，遍布城乡的水泥电杆等，都是广大建材战线广大职工辛勤劳动的结晶。根据水利、石油、化工、交通、国防的特殊需要，研制成功几十种特殊水泥。

赖际发还十分重视非金属矿的开发和利用。重点非金属矿大多在边远高山地区，生产生活条件极为艰苦。他亲自到四川石棉矿、四川丹云云母矿等地爬高山、下矿井，进行调查研究，解决问题。在他的推动下，我国非金属材料工业从小到大发展起来。

1960年后我国要自力更生搞原子弹、氢弹、运载火箭和人造卫星，要求建材部迅速研制非金属新材料。为及时完成这个任务，赖际发从科技研究设计部门、企事业部门即建材院校中抽调专业人才，组成专门的科研机构。他亲自抓方案制定，协调组织。在各方面的通力协作下，1965年一大批新型产品通过国家鉴定。供军需配套用的耐烧蚀玻璃钢、玻璃纤维、航空防弹玻璃、人造金刚石、特种陶瓷、人工合成晶体等非金属材料，逐步发展，基本上满足了我国国防工业技术的需求。

我国建材工业方面取得的成绩是与赖际发的努力分不开的。从科研到地质矿山，从施工安装到产品生产形成了完整的体系。建立了水泥、玻璃、陶瓷、非金属等专业科研机构和队伍，为发展新技术、新产品打下了基础。这些都倾注了赖际发的心血。

他的骁勇善战、他的传奇故事、他的家国情怀以及他对革命和建设诸多贡献，赢得了党和人民信任，他先后被选为中共八大、九大代表，中共第九届中央委员，第一、二、四届全国人民代表，第三届全国政协委员，第四、第五届全国政协常务委员。

雁阵惊寒，声断汤湖。1982年2月4日他因病在北京逝世。

故土情深

赖际发自 20 岁加入红军离开家乡后就一直没有重返家乡,虽牵挂家乡继母及乡亲们,但因长期在军队和政府担任高级领导职务,他一心扑在革命工作上,根本抽不出时间回家乡走走看看,探亲访友,但他对家乡亲人牵挂之情始终没有改变。

1959 年春,赖际发来福建检查工作,想顺路回一趟阔别二十多年的老家看望暮年的继母、乡亲,便事先向国务院代总理邓小平请假,小平同志批准给他半个月的探亲假期。这是他自家乡参加红军后第一次回老家,也是唯一的一次。

赖际发在福建视察期间,福建省委得知他要回老家,当即派了几个公安人员陪同前往保卫。他连声辞谢,解释说:"我参加革命后经常出入白区,时刻有生命危险,哪有什么保卫人员?还不是靠群众掩护,靠群众保卫?现在解放了,回老家看望乡亲倒要保卫人员,这不是摆官架子吗?这不是叫我脱离群众,疏远乡亲吗?"见他如此坚持,省委只好作罢。

赖际发带着秘书安文保先到永定城关。那时县城通往合溪汤湖还没通公路,县里也还没有小车,县委负责同志便设法找来一匹马,备好鞍给他代步。他却把马让给安文保骑,说他在山路骑马不习惯。安文保知道是部长在体谅他不会走山路,把马让给自己骑,死活不同意。最后两人都没骑马,牵着马一同徒步翻山越岭 50 余里回到了汤湖村。

回到陌生又熟悉的地方,赖际发放眼细心打量家乡的每一处景物。在自己的家门前,赖际发拜见了母亲,又与闻讯前来的乡亲们

红色土地

一一相见，还挨家挨户回访邻里亲友。还特地看望了同时参加革命、失散的老红军赖仰奎（曾任毛泽东机要员）。大家一起回忆当年的苦难和革命往事，说不完的话，述不完的情。谈话间乡亲们回忆起赖际发的父亲和堂兄被敌人残杀的经过，他悲愤不已，泪流不止。

回家第二天，赖际发便到村子后山父亲和堂兄的坟墓前祭拜。其时正值农忙插秧季节。此后几天，赖际发每天早早吃完早饭，跟乡亲们一道卷起裤管下田。国务院批准他半个月的假，但他时刻惦记着工作，只在家住了7天，而且这7天当中有5天是在帮本村和邻村的乡亲们插秧干农活，在田头和乡亲们叙谈，了解大家的生产生活，帮大家出主意想点子，建议在湖洋头官财峡筑坝建水电站，发展生产建设家园。

赖际发不仅自己情牵家乡发展，还教育自己的子女也要多关心家乡发展，多帮家乡做好事实事。赖纪锐1942年出生，是他的大儿子。纪锐大学毕业后，赖际发叫纪锐回老家汤湖大队插队当知青，跟乡亲们吃住在一起。纪锐二话没说，卷起被盖背起背包来到了家乡。他铭记父亲教导，不镀金，不耍花拳绣腿，一头扎下身子和乡亲们早出晚归干农活，很快和乡亲们打成一片，从中学会了犁田、耙田、整地、插秧、养猪等农业生产的"十八般武艺"，经常上山"破樵"（打柴）用于煮猪食。本村的赖万安、赖仿群等小伙伴很喜欢跟他一起破樵，听他讲赫鲁晓夫、勃列日涅夫的故事。跟乡亲们友好相处，在汤湖，他是辈分最高的长辈之一，他喜欢大家叫他"纪锐公公"（叔公），不喜欢人称他的职务。他身上丝毫看不出一丁点高干子弟的架子，由于他知识丰富，思想理论水平高，做工作办法多，成绩出色，成了深受群众喜欢的"农村领头人"，他也因此被组织吸收入党，被推选为社队干部。党的十一届三中全会后，他放开手脚大胆干，展示了自己的才华，在干事创业中得到了群众的认可，先后被组织提拔担任永定城关、合溪等公社革委会副主任、党委副书记、书记，后来又先后担任福清县委书记，福建省委副秘书长兼省委政策研究室主任、省林业厅长、省投资开发公司董事长、总经理等职。是福建省第七、第八届人民代表大会代表。

走上领导岗位后，赖纪锐人虽离开了汤湖，但他牢记父亲的教导，时刻牵挂家乡一草一木，心一刻也没离开过这片养育了父亲又哺育锻炼了自己成长进步的故乡，他虽在省城工作，却时时挂念着如何帮助乡亲们加快脱贫致富奔小康的步伐。特别是到省城工作后，他利用信息多、关系多、资源广、资金足等优势，不遗余力动员一切可以动员的力量，亲自为家乡致富项目牵线搭桥，于20世纪80年代末期率先在汤湖引进琯溪蜜柚并试种成功3000亩，使之成为当地的一种产业带动了家乡人民摆脱贫困。他多方筹措资金500余万元，除硬化改善了当时稔田到汤湖的进村公路外，还在草籽岗创办了一个600余亩的林果场，每年可产柑橘、蜜柚等水果70余万斤。他筹资在汤湖长蛟里天后宫永定师范学校遗址上兴建了一面红色纪念墙，以纪念原永定师范学校传播马列主义、酝酿永定暴动和稔田暴动事宜的阮山、吴仰文、赖际发等革命前辈。他新建了一个乳牛场，发展奶牛养殖。在他的亲自策划、筹集和推动下，1994年，省林业厅在汤湖村支助捐建了永定第一所集幼儿园、小学、初中于一体的义务教育及学前教育的九年一贯制"汤湖学校"，校园占地1.36万平方米，建筑3500多平方米，时任福建省省长王兆国亲自题写了"汤湖学校"四个大字。

看到汤湖村面貌焕然一新，乡亲们的生活得到显著改善，赖纪锐内心感到无比欣慰，想想自己这么多年来，一直牢记父亲教导，一直为家乡发展尽心尽力，如今家乡翻天覆地的变化足以告慰地下长眠的父亲了。

为了感受家乡那种浓浓的客家生活气息，2009 年 1 月份退休后，他每年都回老家汤湖村过年，直到 2015 年在福州去世。

我跟随赖兰连来到位于汤湖村龙潭 53 号一栋三层建筑的故居参观，看到院子里赖纪锐亲手栽下的杨桃树枝繁叶茂、硕果累累，芳香四溢，顿时感受到了前人栽树后人乘凉的满满的幸福感。我想，汤湖的明天一定会更美好。

◎ 赖伟举

风范长存励后人

——记福建武警消防总队原政委赖锡南大校

"中国共产党的优秀党员，忠诚的共产主义战士，武警福建省消防总队原政治委员赖锡南同志，因病医治无效，于 2022 年 8 月 26 日 17 时 23 分在龙岩逝世，享年 85 岁。"

赖锡南同志于 1938 年 10 月出生于福建省永定县，1956 年 3 月参加工作，1983 年 2 月入伍，1960 年 8 月加入中国共产党。1956 年 3 月至 8 月，在福建省龙岩县委党校学习；1956 年 8 月至 1967 年 2 月，在福建省南平地委机委科，任机要员、副科长；1967 年 2 月至 1971 年 1 月在南平专区革委会办公室，任秘书；1971 年 1 月至 1974 年 1 月，在南平电机厂政治部，任政治部主任；1974 年 1 月至 1980 年 5 月，在龙岩地委办公室，任办公室副主任兼机要科科长；1980 年 5 月至 1983 年 2 月，在龙岩县委，任县委副书记；1983 年 2 月至 1986 年 6 月，在武警龙岩地区支队，任支队政治委员；1986 年 6 月至 1988 年 7 月，在武警福建总队消防处，任政治委员；1988 年 7 月至 1994 年 2 月，在武警福建省消防总队，任消防总队政治委员。赖锡南同志于 1994 年 4 月经公安部政治部批准光荣退休，后（审批年度：第五批次）正式由武警消防总队移交龙岩市军休所安置。

赖锡南同志对党忠诚、立场坚定，对共产主义理想坚贞不渝，为党和人民的事业奉献了毕生精力，他对工作满腔热情、专心致志，勇于创新，开拓奋进，在各个阶段、各个岗位都恪尽职守，勤奋工作。

赖锡南同志的一生，忠于党、忠于人民，政治立场坚定，忠诚拥护"两个确立"、树牢"四个意识"、坚定"四个自信"、坚决做到"两个维护"，始终在思想上政治上行动上同党中央保持高度一致。他具有坚强的党性原则，时刻按党章党规党纪严格要求自己，讲政治、顾大局，始终做到对党忠诚、为党分忧、为党尽责，始终保持着共产党人的政治本色。他为人正直、作风正派，襟怀坦荡、廉洁奉公，对家人严格要求，对同志关心爱护，深受广大干部群众尊重与爱戴。

赖锡南同志的一生，是革命的一生、奉献的一生，是为党的事业不懈奋斗的一生，是全心全意为人民服务的一生。我们为失去这样一位好领导、好党员、好同志而深感悲痛。

斯人已逝，风范长存。他的革命精神、崇高品德、优良作风、光辉业绩，将永远铭记在我们心中。

以上是在赖锡南同志追悼会上的追悼词。赖锡南同志能获得如此高的评价，可谓哀荣至极。

一、生平补充

赖锡南祖籍汤湖，出生于广东，其父亲年轻时因生活所迫，自卖于广东，后娶妻生子，在赖锡南 10 岁左右，举家搬迁回汤湖。

父母回村后在汤湖小学食堂帮工，赖锡南则在汤湖小学就读，后因成绩优异，由同村赖可苏老师携至永定湖雷中学就读，直至初中毕业。

1956 年 3 月至 8 月，他在龙岩地委党校学习，后招干至南平地委机要科。在南平期间，他与南平军区陆司令相交甚熟，调至龙岩后，由陆司令推荐，在武警龙岩地区支队，任支队政治委员，年近半百方入伍，也算是一大奇闻。后在一次军民共建文明城报告会上，他得到陈丕显、杨成武赏识，被调至武警福建省总队消防处，担任政治委员。

二、三让新房

在 1998 年以前，有一个名词叫"福利分房"，是新中国成立后计划经济时代的一种房屋分配形式，在市场经济中，房屋是具有价值的，人们需要用货币去购买，交换。在计划经济中，人们所有的剩余价值都被国家收归国有，国家利用这些剩余价值中的一部分由各企事业单位盖住房，然后按级别、工龄、年龄、居住人口辈数、人数、有无住房等一系列条件分给一部分人居住。居住的人实际支付的房租远远低于建筑和维修成本，房屋的分配实际上是一种福利待遇。

"等国家建房，靠组织分房，要单位给房"是福利分房的典型特征。在福利分房的时代，属于全民所有制的城市土地实际上归国家、政府支配，政府盖房子，分给老百姓住，也就是人们常说的"公房"。国家定面积、定标准、定租金（收上来维护房子），无法转卖、限制转租，在分房的时候一般优先考虑结婚的夫妇，然后按照工作时间长短、职位的高低等等来排分房的时间、分房的面积等等。那个时候的人们并不担心没有房子住，只是时间长短、房屋面积的大小问题。

但随着改革开放的深入，福利分房的弊端逐渐显露，各种相关腐败也应运而生，因此自计划经济转入市场经济后，中国逐渐取消了福利分房。1998年，《关于进一步深化城镇住房制度改革，加快住房建设的通知》文件出台，决定自当年起停止住房实物分配，建立住房分配货币化、住房供给商品化、社会化的住房新体制。

20世纪80年代初期，赖锡南的职位逐渐上升，可以享受的福利分房面积和档次也在不断地上升，但锡南同志连续三次将单位分给他的新房让给了别人，总是考虑别人家孩子多，或者别人家刚结婚，或者别人家老人岁数大不适合爬楼梯等原因，坚持住在老公房里，一时传为佳话，有位记者专门上门采访，写了一篇文章，发表在《福建日报》上，题目就叫《三让新房》。

三、不徇私情

俗话说："一人得道，鸡犬升天。"传说汉代淮南王刘安好道，修炼成仙，临去时，把吃剩的丹药撒在院子里，鸡犬吃了也跟着升天了。后比喻一个人得势，跟他有关系的人也跟着沾光。

照这个逻辑，赖锡南职务不断上升，权力越来越大，身边人肯定沾光不少，跟着升职，或者发财，然而却并非如此，赖锡南在人事制度上从来不徇私情，秉公执政。

赖锡南的侄儿在20世纪80年代响应国家号召，通过体检政审入伍到某陆军部队，赖锡南很是高兴，认为侄儿为家里争了光，遂亲自前往部队看望侄儿，部队领导很重视，也想做个顺水人情，就对赖锡南说："赖政委，您的侄儿在我们部队表现优秀，政治过硬，训练刻苦，如您有意向，可调至您武警部队，由您亲自培养。"在当时，单个兵员跨兵种调动并非不可能，只要原部队愿意放，新部队愿意接收就可以。但赖锡南严词拒绝了，他说："各兵种人员配备有着严格的规定，我不能因为个人的原因破坏这个规定，是金子在哪都能发光，就让我侄儿在原部队好好锻炼吧。"侄儿退役后在部队医院当保安，后来觉得工资低，向赖锡南表达了希望他为自己调换工作的愿望，赖锡南没有动用自己的关系，让侄儿失望地回乡务农。

四、桑梓情深

20世纪八九十年代，住在农村里的人交通不便、信息闭塞，万不得已进城里办事，可以说是千难万难，最渴望的是有个老乡可以找，比如家里可以落个脚，去哪里可以指个路，去办事可以帮忙打个招呼，出远门可以帮忙买张车票等等，在这方面，赖锡南可以说是中国好老乡。

对此我深有感触，因为我的父亲和弟弟都受过赖锡南的照顾。我父亲当年部队退伍后，在村小学担任民办教师。民办教师是中国特定历史条件下形成的，是农村普及九年制义务教育的一支重要力量。党的十一届三中全会后至1990年，国务院有关部委和各级人民政府积极采取措施，通过整顿教师队伍，中师招收民办教师"民转公"等形式，使得教师队伍建设取得了明显成效。

当年我父亲和一帮老乡去龙岩参加"民转公"考试，就去找了赖锡南，赖锡南热情地接待了他们，他们开玩笑地说："锡南公当那么大的官，帮我们打个招呼吧，说不定考官照顾一下，我们大家都过了。"赖锡南说："打招呼不行，今年考不过，明年可以再考，明年再考时，还可以来我家，我一样给你们当好后勤。"结果那一年，几个同去的都考上了，成为光荣的公办教师。

我弟弟在 9 岁时检查出先天性心脏病，需要尽快做手术，当时龙岩没有条件，要去福州做，费用要在万元以上。当时我爸爸已经在乡政府上班，月工资只有五六十元，一万元无疑是天文数字。正当全家在筹钱的时候，赖锡南告诉我爸爸，永定籍著名心内科医生廖崇先会回到龙岩医术交流，行程一星期，计划做 10 例心脏手术，让我父亲做好准备，他负责帮忙联系，后来事情很顺利，手术很成功，费用也省了大半不止，康复后还特意带我弟弟去看了火车。让我弟弟回家后到处向小伙伴们炫耀。

斯人已逝，风范长存！他的革命精神、崇高品德、优良作风、光辉业绩，将永远铭记在我们心中。赖锡南的后人在他的谆谆教诲下，都走在人生的正道上，他的儿子赖平生在市文体局工作，四级调研员退休；孙子赖龙辉于 2023 年考上福州大学。赖锡南同志当可含笑九泉。

◎ 李丽莉

谦谦君子　刚毅仁爱

——怀念我的外祖父赖维周先生

　　外祖父离开我们已经43年。儿时最深刻的记忆，是外祖父坐在汤湖老屋厅堂藤椅上看书的模样，庄静安详而又坚毅的音容笑貌，至今仍历历在目，永远铭记在我心田。

　　我的外祖父赖维周先生，名逢祯，字维周，号岐生，1898年出生于闽西客家龙岩市永定区汤湖村，祖上积累了些田产和山林，父亲经营烟叶生意的传统农商耕读家庭。1981年他因病去世，按辈分为汤湖松阳堂赖氏23世孙。

　　外祖父天资聪慧，勤奋好学，八岁入读上杭丰稔私塾，熟读四书五经，接受传统士大夫教育，后就读于长汀旧制中学，中学毕业后曾任教于南靖塔下小学，后在印尼华侨宗亲的资助下考入厦门大学历史系，入读两年后转入江西心远大学（1926年毕业）。他曾师承文史大家熊纯如先生、汪辟疆先生、陈三立先生及佛学家李证刚先生。

　　外祖父自幼在私塾打下深厚国学功底，青年时代进入现代大学接受民主、科学思想洗礼。他一生挚爱中国传统文化，终生坚持"独立之精神，自由之思想"的学术信念，严谨治学。生前著有诗文《草莽集》等。

外祖父年弟詹松涛先生在其《草莽集》序中写道："君浓眉广颡，火色目光如电炬，年廿八主持江西党务……"评其立身处世治学皆卓然。

陈三立先生（散原老人）评其诗："气厉而语质，五古近杜韩，七言近遗山放翁。"

周介裪先生评其盖尼父所谓刚毅木讷近仁者。忧国忧民，以天下为己任的家国情怀是外祖父那一辈读书人的共同精神担当，一生谦谦儒雅，方正博学，刚毅木讷，慈悲为怀。

外祖父对这片土地和人民，爱之深而虑之远，一生用生命去践履，去成就圣贤书中的君子之道。他的所思所行，也是近百年来几代中国知识分子的坎坷心路。他的言行尽显中国传统知识分子的风骨和气节。

1926 年大学毕业后，他曾参加汤湖农民运动，被选为汤湖乡农民协会书记（汤湖乡第一任书记），1928 年举家迁至南昌。

1929—1931 年，他先后任国民党江西党部秘书长、登记科主任、国民党江西省党部候补执行委员、正式委员，后因在南昌召开市民大会主张停止内战、团结抗日，被南京方面下令撤职。

1932—1933 年，他经南京报社罗时实介绍去南京，任国民党中央党部陈立夫先生私人秘书。

1934—1940 年，他先后任南昌市《江西民国日报》总编、江西私立心远大学文史教授、浙江省政府浙西行署参议。在此期间，他主张停止内战，曾先后倾资营救过时任中共中央委员、工农银行行长赖祖烈和新四军政委谭震林及陈伯达等人。

1941—1949，他创办瑞金私立福幼中学，任校长，兼崇文小学校长。据我母亲讲述，在江山鼎革之际，陈立夫先生曾力劝外公去台，但外祖父说，他未做对不起人民的事，不愿走。这是他一生浓厚的家国情怀决定的。

外祖父在江西工作期间，多次参加江西宁都、瑞金等地赖氏族谱的编修。1943年，他牵头筹资回永定汤湖乡，带领宗贤重建赖氏家庙，并请前上司陈立夫先生题写"赖氏家庙"大门牌匾。同年，赖氏家庙建成，外祖父为赖氏家庙撰写对联。

大门联：族开颍水源流远，灵接袍山气象尊。

大厅联：溯祖源，肇西周，由秦汉以迄明清，屈指二十朝，绵绵延延，俎豆馨香今胜昔；衍祖枝，在南国，从浙赣而蕃闽粤，计人丁亿万，振振蛰蛰，衣冠文物后光前。

这大厅联亦是外祖父一生推崇的，自尧、舜、禹、汤、文、武、周公、孔子相继不绝的道统（道义、仁爱、信义、和平，中华历代传承的道统），他的思想基础，就是继承这个正统思想，并发扬光大。中国儒家文化体系中"家国天下"的伟大意象和精神境界及以"修齐治平"中国人的人生信念与精神追求。

1949年春、秋，悲悯苍生的外祖父为了百姓免于战火涂炭，先后两次受江西和闽西共产党负责人之委托（外祖父在江西赣州、福建长汀有较高的社会声望），劝说宁都专区委员黄镇中和国民党长汀专区专员卢兴铭起义，为人民的和平事业做出了贡献。

1950 年，经中国国民党革命委员会中央执行委员、民革福建省委员会主委刘通介绍，他加入了中国国民党革命委员会（简称民革）。

1951 年，长汀土改时，他被拘留在长汀看守所八个月后转送龙岩看守所，我外祖母写信给时任福建省人民政府主席张鼎丞，后他被转至福州看守所关押，1953 年释放。他婉拒张鼎丞先生留其在省委统战部的职务，回乡务农。

外祖父是典型读书人的样子，谦谦君子、温良敦厚、刚毅进取、中西会通、求真求善、躬身实践、知行合一。儒者行者，真真切切、踏踏实实。大丈夫行己当如此，顶天立地。

外祖父对中医研究甚深。1949 年，时代巨变，外祖父从瑞金迁居长汀。 1951 年，在长汀被抄家时，他毕生研究周秦诸子、宋明理学的书稿，收集的各类经典书籍、宋明遗著和医书，被一箱箱抬走，至今下落不明。我母亲这边今仅留存一本有外祖父用红笔批注的《伤寒论》。1953 年，外祖父被释放回永定汤湖，回乡后常为村民开药看病，他为人正直，受周边村庄人尊敬，尊称为"维周先"。

外祖父在很年轻的时候就达到了普通人难以企及的高度，但骨子里却透着传统士大夫的平易、平等、尊重与信任。他一生清廉为官、倾心办教育，不论是身居高位还是办教育，为和平解放事业，他都心系苍生，悲悯为怀。他推崇平等理念，尊重，爱人，不论是待妻儿老小、亲戚、同事、学生、乡亲，素昧平生的人，他总是尽自己最大能力去帮助需要帮助的人。

抚今追昔，感慨万千。每一个活着的人都要面对与逝去亲人之间的情感，这是人性深处的需求，也是人类精神的原乡。

外祖父家永定区汤湖村，距离我祖父家上杭官田村十里地，按辈分，我是上杭陇西堂李氏第 27 世孙、永定汤湖松阳堂赖氏第 25 世孙。从我从出生到六岁，从未离开过这两个村子，我从小在外祖父身边长大，直到六周岁上学年纪，才随在外地工作的父母离开。从我记事起，外祖父就和四姨一家住在一起。

四姨家是一座带有天井的二进两层老屋，典型的客家民居，门厅、天井、厅堂，花格门窗、青石板地，古色古香。土墙灰瓦相映，色调雅素明净，与周围自然环境和谐融洽。天人合一的古建筑，传承着先祖们一切居住、生活方式，默默地讲述着先祖们在这块土地上生息繁衍的历史、中国人之本原和来历。

天井是整个屋子的中心，儿时的我，最是喜欢落雨天，看着雨水顺着房檐落在天井里，滴答清脆的雨声犹如美妙的音乐，光着小脚丫踩青石板上溅起的小水花，很是快乐。记忆中的外祖父，常坐在四姨家厅堂的藤椅上看书、沉思、庄静、安详，年幼调皮的我，总是在他身上爬上爬下，将他的山羊胡子，外祖父从不恼，非常疼爱我，也教我念一些朗朗上口的经典蒙学。在这座小楼里，还有同样疼爱我的四姨、四姨父，还有带我玩、把好吃的都让给我的表哥表姐。小小的我在这个充满了爱的、三代同堂的温暖大家庭里，都快把自己的家给忘了。童年美好的记忆，使家乡成为我一生挥之不去的精神牵挂。

外祖父一生先后娶了三位妻子，共育有十二名子女，我母亲排行第十。我的外祖母于 1972 年去世，外祖父晚年幸得四姨一家精心照顾，得享天伦之乐，过得很安稳。1981年，远在南京的三姨和长春的二舅接外祖父前往南京养老，途经长汀时他不幸病逝于二姨家中，享年83岁，葬于长汀。2003年，大姨和我母亲把外祖父的骨殖迁回汤湖安葬。

小时候和外祖父一起在乡村的生活，使我对中国传统社会与历史文化有很亲切的认识，并深深感受到中华文明传承的力量。这些千年不易的天理和心性、生活智慧，在传统的敬天祭祖的祭祀里，在一块块乡约石碑里，在一座座祠堂里，在完备的宗族体系和婚丧习俗里，文化文明只有生活在其中、浸润其中才能真切感受到。这份家庭精神遗产，对我影响至深。

随着年龄的增长，我更加深刻体会到20世纪40年代外祖父、当代赖氏宗亲红文会长、奕永老师、万安老师他们为何执着于修建祠堂，因为他们深知，我们要到中华文明的祖根找寻源头活水，推陈出新，然后融入世界文明。在他们身上，我看到了以天下为己任，忧国忧民传统乡绅的精神传承。可以说，一个宗祠就是一部凝固的历史教科书，集传统的政治、经济、文化、哲学、伦理观念、科学技术为一体。每一座祠堂背后，都有一批像他们一样虔诚执着的守望者。

向他们致敬！

◎ 简　梅

壮志未酬叹销沉

一

夕阳暖暖地照耀着闽西崇山峻岭中的家园，这片饱经沧桑的土地，可还记得那个英俊、刚毅、深怀赤子之心、忧国忧民的孩子？当我走进那烽火连天的岁月，并试从语焉不详的碎片化回忆中找寻更多关于他明晰的人生线索，却发现重重叠叠的时光，忽明忽暗……我陷入深思，历史不忍回头望，蛛丝相连，盘根错节，无论从哪一个岔口切入，都是悲欣交集，泪一把，霜满天。终于，我在浩瀚的史海中，在一个个串联的历史事件中，看到属于他独特的身影，虽然可能仅是一瞥而过，但足令人倍感欣慰。

他就是曾参加淞沪抗日、参与"福建事变"的十九路军人、曾任永定民国最后一任县长、为新中国成立毅然投诚起义，使永定成为闽西解放的第一县的赖作樑先生。

我久久凝视他的名字，定睛于手中极其珍贵的一份档案，这是在福建省档案馆查到的 1945 年 3 月 8 日赖作樑接任永定县县长时所填写的履历表，字里行间都是沉甸甸的时代印迹。也许冥冥中他写下如此详细的年份与履职时，是否预示着七十多年后，他所踏行的脚步，前方将启开一幅蓝图，不光是他个人的，而是整个激荡的民族复兴的蓝图！而今时光飞驰着，已从他出生的 1909 年积贫羸弱的近代迈到新的时代。

我收回思绪，看到他写的家庭住址为福建省永定县复兴乡，通讯录"永久"一栏填着：上杭蓝家渡赖全盛昌号转。历史分分合合，地理位置与归属可见一斑。永定的合溪乡民国时期称为复兴乡，北与上杭兰溪镇相邻。1937 年，永定县管辖的走马坑凹首先划归上杭县管辖，自古以来，南山排——茅罗山水口——走马坑凹下——老鸦山的一条石砌路是上杭县蓝家渡通往永定县合溪汤湖的必经之路，而赖作樑故居就位于马龙山（茅罗山），介于上杭兰溪至永定汤湖之间，1961 年马龙山也由永定划归上杭管辖这是后话了。所以在他有生之年，他的籍贯上填写的就是福建省永定县。马龙山自然村的赖姓始于明朝从永定马子凹迁入，与汤湖同属松阳郡开基始祖朝美公的后裔，每年一同祭祖，血缘相亲。赖作樑戎马一生，很少回乡。偶尔回去，他都会给乡亲们带回县城的糕点点心，如有时间他很喜欢去汤湖泡温泉。老人们记忆特别深刻，因为他是抗日英雄，乡人都以他为荣，在他刚获任永定县县长那年，在一个阳光和媚的日子，他回到马龙山，当天请全村乡亲聚餐看戏，并邀请汤湖许多族亲前往，对乡土的依恋情谊可想而知。

在他所填的学历上，大学之前的经历无法体现，按记忆索引，我想起村中曾有模糊的记载，说他在丰稔丰朗小学读书（丰稔原属永定县，1936 年与上杭龙田合并，变为"稔田"），也可能在离家不远的东溪立本学堂就读。值得庆幸的是，1924 年考入上海大夏大学之后的大半生轮廓，由他自己庄重地存留下来。考入大学时，他年仅 15 岁，学的是英文专业，自此他走出僻远的马龙山，走出汤湖，开始了风云变化的人生之途。

二

大学毕业后，他在十九军行伍中得到很强的历练，并被上级领导赏识。1931 年 8 月，他被调升为上尉连长。此时十九路军军部正式成立，3 个基干师——60 师、61 师、78 师得以定型，并伴随之后的十九路军荣耀征程。赖作樑从 1928 年履职 11 军，到 1931 年第十九军正式成立，他幸运地遇到良师益友，在那个军阀混战、黑白难辨的年代，他有着军人的一腔热血，想在黑夜丛林中摸索一条光明道路。

当时，在"息内争、共御外侮"的强大压力下，剑拔弩张的各路军阀不得不同意议和，粤军提出调十九路军来卫戍京沪。至 11 月下旬，十九路军全部从江西调至京沪地区，61 师驻戍南京、镇江，60 师驻戍京沪之间的常州、无锡、苏州一线，而赖作樑所在的 78 师驻戍上海、南翔、昆山。从 1932 年 1 月 15 日始，十九路军就进行军事自卫的各项布置，23 日接到紧急备战密令：我军以守卫国土、克尽军人天职之目的，应严密戒备，如日本军队确实向我驻地部队攻击时，应以全力扑灭之。

大敌当前，一发千钧。1 月 28 日深夜，野蛮的日军在闸北通庵路突然向守军袭击，"一·二八"抗日战役由此爆发。将士们在《告十九路军全体官兵书》宣誓下，发扬"铁军"精神，与悍敌对抗 34 天，伤亡万余人，打得日寇三易主帅！淞沪抗战激发了广大民众的爱国热情，掀起了全国性的抗日救国新高潮，在我国反抗外

红色土地

来侵略史上谱写了光辉的一页。赖作樑就是数万英雄中一个勇猛壮烈的抗日子弟兵，他的身影投射于烟火弥漫的战场，我虽然见不到他的样貌，却明白他的忠魂！

由于淞沪会战扰乱了蒋介石"攘外必先安内"的计划，蒋光鼐、蔡廷锴等联名发表《泣告国人通电》，痛心疾首地退出前线。屈辱的《淞沪停战协定》签订不久，1932年5月28日，十九路军在苏州举行"淞沪抗日阵亡将士追悼大会"，有5万余人参加。隆重悲壮的大会在风雨凄迷中开始，十九路军用日军飞机掷下未爆的50磅炸弹1枚及战利品"三八式步枪"两支架撑作为花圈告慰战友！蒋光鼐、蔡廷锴致《祭文》："吾华多难，倭寇猣猖，既夺辽沈，更犯沪疆。""维我袍泽，意决如山，视死如归，血洒申江。三十四日，为国争光，精诚贯日，至大至刚。出师未捷，我心惶惶，天昏地暗，来日艰难。誓行遗志，慰我国殇，忍泪陈词，敬献珍尝。"现场与会人员不断振臂高呼："踏着烈士的血前进！团结一致抗日到底！收回东北失地！为阵亡将士报仇！为暴日铁蹄底下的民众复仇！打倒日本帝国主义！中华民族精神不死！"多么悲烈与凄楚，那时，赖作樑与千千万万的战士一起高呼，他定是泣不成声。

三

我的目光回到履历表中，1932年7月至1933年2月，他被调任少校营长。1932年6月至8月，部队抵达闽西南。部队所到之处，沿途旗帜飘扬，布标横陈，慕名而来的民众总是蜂拥而至，人山人海来欢迎景仰的抗日英雄来闽，掌声、欢呼声、鞭炮声如雷震天，场面盛况空前。7月3日，赖作樑所在的78师155旅，分乘

"海顺""松浦""嘉禾""万象"等轮抵达厦门港嵩屿码头,部队将驻扎在海澄县驻地。只见官兵们身着灰色军服,佩带节方形臂章;背负广东特有的箬帽,上皆印有"抗日救国""毋忘国耻"等字样。他们高举民众赠送的题有"民族英雄"的锦旗,吹着军号、唱着军歌,部队虽因长途跋涉、衣履皆湿污,但精神饱满、步伐整齐,显得威武雄壮。我仿佛见到此时的赖作樑,阔别闽地多年,回到故乡,他的激动与自豪之情一定溢于言表,但一想到敌寇未驱,民族重担挑肩,他坚毅双眉扬起,目光透过山海……

军纪严明的十九路军入闽以来,得到百姓的拥护和寄予厚望,当时福建四分五裂,地方政权土劣横行,苛捐杂税达两百多种。经过三个多月,他们一举围歼福建最暴悍野蛮、作恶多端的"省一旅"陈国辉部,在闽西采取"耕者有其田"的改良主义。他们扩充兵力、禁绝烟毒、支持教育,并派遣援热先遣队请缨北上抗日……

四

1945 年 3 月赖作樑回到故乡永定,任永定县政府县长。这起起伏伏的十多年,中国历经了太多战火的洗礼,1936 年 12 月 12 日,西安事变爆发,之后国共两党合作共同抗日。自 1937 年 7 月 7 日卢沟桥七七事变,一直到 1945 年 8 月 15 日日本无条件投降,多少英豪壮烈牺牲,多少无辜的生命远逝,多少屈辱和悲壮的泪水洒落神州大地,但正义终属于伟大的中国人民!

赖作樑任永定县长时,抗战已进入反攻阶段,赖作樑在抗日战争的大后方,坚定信念,保持着赤诚之心,在他自 1945 年 3 月迄 1949 年 5 月任职县长期间,兢兢业业、廉洁清正,做了许多有利百姓的事。福建省档案馆存有两份他亲自执笔向上级部门提交的关于"建设类"的提案。第一个议题:《展闽永定至梅县公路以利闽粤两省交通案》,内容为:(一)查闽粤交通陆路仅上杭至蕉岭公路一线,水路汀江险滩林立,且峰市至大埔之石上一段不能通航。闽西各县轮粤物产殊感不便,影响闽西经济至巨。展闽永梅公路实为闽西各县普遍需求。(二)梅县境内原已有公路经松口至桃源,本省原有龙峰(永定辖境二十里、梅县辖境十里)即可衔接,且赣江流经松口,汽船往来终年不停,此路一通,本省闽西各县客货不论运往潮汕、梅县、广州,均极便利,对闽西经济之发展……(档案后面缺页不详)。在这次提案中,他还提出办法:"一为永定境内二十华里土方工程由县征民工兴筑,桃源至本省边境十华里请省电粤省梅县征民工兴筑以资衔接;二为石方桥梁涵洞工程费,请省府拨款补助;三为于三十五年(即1946年)春开始测量,夏动工兴筑,务于三十五内通车。"公文以竖式繁体笔墨,文字简练,语意殷切。另一个提案议题是《统筹购发各县测量绘图仪器以利建设案》……从中看出事无巨细,无论调查研究,还是身临实践,他就任县长四年期间,办了不少实事。我在1986年《永定文史资料》第5期中看到一篇文章,说的是1946年冬季和次年春夏季,厦门有一批联合国救济品,将发给永定县受灾平民,请同乡会电转永定县政府派员到厦共同领出,运回永定的事。同乡会马上发电给县政府,叫县长速派代表到厦协同具领。当时的提货单上,大米数量60包(每包老秤180斤)、面粉200包(每包40市斤)、旧衣服36包,其他还有1千克装的军用牛肉黄豆罐头60箱、苞米粉罐头、布匹、农药和儿童营养品干奶粉等。不到四天,赖作樑派来的秘书赖初基即到厦领出，因数目众多，载运回永定既费时又费运费，赖秘书电告赖县长请示处理办法。他思考后马上回电：大米及面粉在厦门出售，其他各物由海运到汕头，再经韩江运返……就这样，在1946年到1947年前后一年多里，总共领出救济物资共7批，处理方法基本和第一次一样，因地制宜解决了困难。另外，在《永定文史资料》第7期中，有一篇写到杭陂整修的文史，讲到1945年秋，永定政府组织杭陂水利协会扩修水渠，就是利用联合国善后救济拨给永定的赈米370包中的9000市斤大米，采取以工代赈方式发动民众参加施工。并据当时的厦门《星光日报》1946年11月20日报道："民工每日挑运填陂石块四十担，给予赈米三市斤。施工以来，全县贫民参加赈工至为踊跃，每日均在150人以上。"工程陆续进行至1947年10月，全部告竣。这何尝不是他运筹帷幄的功劳呢！

他还十分重视学校教育，在他任职期间，全县境域校风良好，教师教学严谨，除文化课外，每周还有劳作课，让学生开荒种菜等。多少年过去，老百姓一直口口相传他的事迹。

五

履历表仅仅停止于他1945年3月8日接任县长这一天，郑重地签字、盖章……之后的人生之途，史料中极少提及。红色的永定在他的帮助下，成为闽西第一个解放的县城，全县百姓走向新生的光明。在1949年5月"郭车会议"之后，他即带领部分县自卫队、便衣队、警察等300多人，前往上杭参加起义，编为"闽西义勇军"，他还担任闽西义勇军司令部副司令兼参谋长……幸而，磊落与光辉不会被时间遮蔽！1949年8月1日，中国人民解放军闽粤赣边纵队司令部曾发出指令（粤字第92号）：

查闽西义勇军甫告成立，即奉命北上，解放长汀、连城、清流、永安四城，完成第一期战斗计划，扩大闽西解放区。退出长汀、上杭以后，不仅能在艰苦环境中奋勇作战，抵抗刘、胡匪部之进扰，以自己之流血牺牲，阻迟残敌之南窜，增加敌人之困难，减少人民之损失，而且在残敌压境、家产被没收、房屋被烧毁情况之下，大多数指战员均能一本为民立功初衷，坚持对敌斗争，甚少动摇气馁，尤属可贵……因此，本部特命令，（一）闽西南联合司令部给予赖作樑，林志光传令嘉奖一次，并转告义勇军司令部及赖、林本人；（二）闽西义男军司令部应将所属各级有功之指战员英勇事迹详为登记，以待胜利之日论功行赏。

这份指令是开国少将、当时的司令员刘永生以及政治委员魏金水等颁布下发，作为为英雄佐证的史料，也为后来他的平反留下真真切切的印记吧！

青山悠悠，闽水潺潺，故乡马龙山，故乡汤湖，呼唤一个名字：赖作樑！

◎ 许文华

且将春风付桃李

——记永定汤湖第一个女中专生赖德娥、第一个大学生赖永汉

一

初相见，汤湖这个革命基点村，卧在初冬的暖阳下。

座座青山携手并肩，从容而慵懒。清溪映碧，从青山中款款走来，一路逶迤，走村串巷。哗哗的水声，如许清冷生动！青山绿水的滋润，前人先辈的滋养，让这一片热土焕然生辉！

赖氏家庙前的老樟树，是当年赖姓老祖种下的。经历了数百年的风刀霜剑、数百年的山洪冲刷，老樟树活成了慈祥丰硕的老祖母样，笑看着3000赖氏儿女扎根故乡，100多万子孙后代，如大地上蒲公英种子一样飞遍四方、闯荡天涯！

树和人相依相存，一样的风雨同行，一样的葳葳蕤蕤、生生不息！琅琅书声指引我走向村庄中间的汤湖学校。全校虽仅有30几个学生，但老师仍在认真有序地授课。琅琅书声，寥落又顽强。

"绿野堂开占物华，路人指道令公家。令公桃李满天下，何用堂前更种花。"稚童那清脆的读书声慰藉着我的心绪，路旁的桃树

李树，数量寥寥，略显沧桑的枝头，早已卸下累累硕果，留下绿中带黄的叶子，倔强地坚守枝头。

我释然了：在每一座古老又新生的乡村里，一代代人向外、向前，不正是先祖所期盼的？弦歌虽寂寞，悠然不相辍，足矣！

可贵就在这里了。滋养，放飞；坚守，等待。都笑意盈盈，无怨无悔。

春风永在心怀，一如那早已姗姗走远的两个高贵灵魂。

二

1939 年 9 月 29 日晨。一星灯火，照着村里农户赖可鸿家。一声婴儿的哭啼，带来了无尽的欢欣。

"是个漂亮的娃儿啊！唉，可惜是个女娃！"接生婆的声音，亦喜亦忧。

焦急等在门外的赖可鸿却乐开了花：女娃儿好，美丽贤淑，暖心暖肺！

疲惫的产妇露出欣慰的笑容：多亏了当先生的大伯哥的影响，娃她爹果然明理有见识。这女娃，有福呢！

夫妇俩请教了大哥，郑重地为这个金秋时节降临人间的可人儿取名：赖德娥。

转眼十年。德娥乖巧懂事，时常帮着父母照看弟妹，管理鸡鸭，又有一双巧手，针线女工，颇有功底。

小德娥知道中国解放了，知道这世道太平了，不会有土匪有鬼子进村作妖了！她也隐隐觉得，女子也可以扬眉吐气啦，于是向父母提出要和那些男娃一样，背书包上学堂，长大了学大伯样，做教书先生！阿婆婶婶们听了咻咻笑，说这女子该不是中了什么邪了吧！

这女子没中邪，她是铁了心呀，磨了父母好几天，又拽来大伯做说客。大伯劝弟弟弟媳说，前些年活跃在咱闽西的红军队伍里，也有好多识字的女先生，咱就让小德娥做村里第一个这样的女娃吧！将来，这样的女子会有更多！

小德娥遂心啦！她又聪慧又努力，学习成绩好，常常受到先生和大伯的夸奖。高小毕业，她便顺理成章地进了乡里的初中班。

寒窗苦读少年志，韶华不负正当时。1959 年夏天，人们争相传送着德娥考上泉州市幼儿师范学校的消息。

"这可是咱村里第一个女中专生啊，稀罕稀罕！"

"要在古时，这就叫女秀才呢！咱汤湖赖家，真真应了人杰地灵的老话！"

"女秀才倒是女秀才。可现今，大伙都吃着大食堂，家无余粮，更别说余钱了。泉州离这好几百公里，且不说学费昂贵，单是来回的盘缠，看可鸿夫妻俩怎么解决！"

"唉呀呀，风凉话莫说啰，可鸿夫妻那么勤扒苦作的，不就是为了多给德娥攒点学费？再说啦，咱这赖家数百年，族兴人旺的，和那老吴家一个村住着，藤牵藤蔓缠缠，抬头低头都是亲戚，咋说也不能眼睁睁让考上学的女秀才给浪费了名额！"

皎月垂天，家园宁馨。源源不断的亲情和乡情，是德娥走向大山外的，生生不息的底气和动力啊！

一晃到了 1962 年夏天。

大樟树下，人们看到一个城里女学生模样的娃走了过来。那女娃可水灵啦，打扮得也好看：花上衣，蓝裙子；黑黑的两条大麻花辫子垂到腰际，随着她走路的姿态轻轻摆动；一双漆黑水灵的大眼睛，在如满月一般的脸上扑闪扑闪。待走近，女娃用地道的汤湖方言，和大家亲热的打起招呼。

原来是德娥呀！大家伙啧啧称赞：三年不见，怎么变得这么洋气啦！读了书的女秀才，敢情气势就是不一样！哈哈，乡亲们说不来城里的话，把"气质"说成"气势"啦！

德娥文文静静地笑着："是呀，我毕业啦。要回咱乡里来教大家的娃娃嘛。"

人们惋惜着："哎呀，留城里多好，你这女秀才咋念书念傻了，还回这穷地方，有啥前途！"

德娥笑盈盈地说："穷地方更需要有人教书啊！我教娃们读好了书，日子就会好过了，读书人多了，贫穷面貌就会慢慢改变啊。"

"咦，好像真的是这么个理。"

大伙似乎听懂了德娥的话，又似乎没听懂，只是隐隐有点担心：阳子里小学是远近闻名的单人校，一个女娃家在那儿教书，白天还好说，毕竟有几个学生娃陪着，到了夜晚，清冷孤零，看她有多大胆，不哭不后悔才怪哩！

乡亲们倒是说对了，但又说错了。2021 年，耄耋之年的赖德娥老师，风烛残年，但精神旺健，思维清晰。在满堂儿孙的簇拥之下，她过着舒心愉悦的晚年生活。回首数十年春秋历程，她笑了——三尺讲台，栽桃育李。哭，倒是哭过几回，后悔？那从来没有过！

怎能不哭呢？从教生涯，艰辛劳苦。初涉教坛，乡村单人校的夜，山风呼啸，松林凄清，夜鸟冷不丁叫唤，让德娥老师心惊肉跳，以致不敢入眠。山里学童没上过幼儿园，知识面窄，基础薄弱，教起来往往十分吃力，为此，她没少为乡里各项评比的成绩急躁过、焦虑过。从教几年后，德娥老师结婚生子了。先生是广东人，在永定县水利局工作，常常要奔赴各水库工地进行勘测、计绘和施工指导，所以照顾家庭的事，只能托付给妻子。德娥老师养育了3女2子，柔弱的双肩，被家庭重担压疼过，却从来没有为此而卸下教师的重担。从教30多年，她一直牢记"我把青春献给祖国"的青春誓言，牢记"学高为师，身正乃范"的职业风范，服从组织分配，辗转服务于汤湖的共8所乡村小学。

其间，因为她先生的哥哥曾是国民党军官，她还受过一些歧视乃至不公平的待遇。所幸她为人沉静，友善待人，得以安然地度过了那些年月。直到1984年，她45岁时才被上级调至永定区城关小学，继续任教八年后退休。

德娥老师，这一个汤湖山水滋养的有志女儿，怀着一颗感恩故乡报效故乡的热忱之心，把自己的大半生都献给了那些可爱的山乡学子！

匆匆数十载，几回回桃红李艳斗芳菲。

德高者总是默默无语，而人们却把她久久铭记。

郑姓学生说："德娥老师常告诉我们，学好文化才会走出大山，才会有前途，所以她对我们很严厉，课后对我们又特别温和。她常常给落后学生开小灶。在她的鼓励和帮助下，我们班同学都很专心向学，长大后大多有出息。"

张姓女生说："那年月山里穷，重男轻女思想作祟，很多女生辍学。德娥老师常常跋山涉水去家访。她走两小时山路到我家，苦口婆心劝说我父母，还掏腰包为我垫付学费。唉，要她垫付学费的学生太多，真是难为她了！我后来能考上龙岩师专，从事和她一样的事业，多亏了她！"

此番采风，我认识了德娥老师的大女婿沈先生。沈先生开朗风趣，他告诉我："在我心目中，岳母是中国传统女性知识分子的典范，她忠诚爱情，治家有方。我当年作为准女婿给她写的第一封信，惨遭她'退货'处理。她像批阅学生作文一样，用红笔订正了信上的错别字，还叮嘱我，今后做什么都要认真。她对我的教诲和呵护，从不敢忘啊。"

德娥老师于 2021 年离世，她是新中国成立后汤湖第一个接受过中等教育的文化女性。待尽生涯蚕作茧，就衰榜样发缫丝。从此，汤湖弦歌，从未断绝。

三

汤湖村是世界赖氏文化重要发祥地之一。这片热土，以努力向学报效家国作为优良传统，代代相传，生生不息。

2023 年夏末，巍峨亮堂的赖氏家庙里，赖氏第二届奖学活动正在举行。17 位分别考上了郑州大学、福州大学、南昌航空学院等院校以及永定一中高中部的赖姓学生受到表彰。赖氏宗亲联谊总会副会长赖红文等对他们提出了努力向学、繁荣赖氏、报效家国的谆谆寄语，并发放奖学金，授予表彰匾。现场热火朝天，群情欢腾。

作为土生土长的汤湖后裔，赖红文一直关注着村里学子的成长。他在区里工作，节假日常携妻带子回村，在临溪的乡居里住上一两晚，赏明月疏星，听清溪潺潺。这样的时刻，他觉得心灵离父亲最近。

赖红文的父亲赖永汉，生于1938年，是新中国成立后汤湖的第一个大学生。

赖永汉是赖德娥的族叔，他于1960年考入名闻遐迩的厦门大学，先攻俄文，后转攻中文，毕业于1964年。

永汉先生命运多舛。5岁时，父不幸病逝。寡母苦撑家计。爷爷强卖小弟到异乡，又强卖小永汉给同村屠户做儿子。一溪之隔，母子同悲。有一天，小永汉按捺不住对母亲和哥哥的思念，偷着过溪返家。母亲给儿子做了米粄，让他吃了顿饱饭。惧于公公威严，母亲催儿子返回屠户家，儿子哭喊着不肯。母亲把儿子推到浅溪中，狠心离去。儿子挣扎起来，哭干了眼泪，小小的心灵只有惶惑和无助，哪里懂得母亲五内俱焚的绝望以及在绝望中被迫守信的辛酸！

养父在一场急病中离世。母亲没有了顾虑，寻上门来，带子归家。家仍贫寒，但母子兄弟相依不散，哪怕地瓜度日，哪怕当乞丐邻村讨米，也是温暖幸福。

更大的幸福，是共产党解放了全中国。年过十岁的永汉"高龄"进入汤湖小学学习，被苦难鞭打的苦孩子倍加珍惜。少年立志，只争朝夕！

赖永汉在厦大就读时正逢三年困难时期，所以注定坎坷多舛、百般艰难。后来，他曾无数次对儿子红文说起舅母为他凑学费的事。

当时不算高昂的学费，却使寡母发愁不已。家家缺吃少穿，谁有余钱可借呢？思前想后，她只能狠下心让儿子去稔田镇找舅母——之所以说"狠心"，是因为舅母也艰难。舅舅年轻时就读于黄埔军校，生前在国民党部队当过团长，那时，舅母一家极为窘迫。

舅母是菩萨心肠，她说："再穷，也不能耽误孩子的前程啊！"她把所有家底借给永汉，还把自己年轻时穿的纯素色旗袍改成一件男式汗衫和一件男式背心相赠。永汉含泪谢别，从此把慈爱的舅母当作家族恩人相待。

大学毕业后，永汉先生被分配到福州工作。"文革"开始，他被下放回永定当乡村教师。先是在离家40多华里的堂堡中学，其后是汤湖小学、溪南小学、合溪中学。"文革"结束后，他回到永定城关中学，临退休时服务于永定区委党校。

数千名学生何等幸运，能够在家门口享受到永汉先生这样优质的师资：美观的板书，精彩的讲解，温和的态度，睿智的点醒。他们在永汉先生的教诲培育下树理想，勤求知，出山外，跃龙门！所谓"师者不幸学子幸"，诚然也！

永汉先生视学生如孩子，如父亲一般呵护他们的人生梦想。曾有个洪山籍学生因贫辍学。他三顾茅庐，苦口婆心。家长被感动了，坦诚告之以窘境。永汉先生当即承诺给孩子付生活费用。这个学生重返课堂，学业有成，后来当了深圳一家公司的总裁，他说要把永汉先生的爱传承播种出去，便在深圳和家乡做了许多公益事业，帮扶了许多困难学子。

1983年7月高考放榜，上级要求3天内通知上线学生体检。有个学生家住上杭县稔田镇，离永汉先生家有20多里山路的距离。不通电话，又无处捎信，急坏了永汉先生。为不误学生前途，他决定走路去通知学生。炎炎酷暑，漫漫山路，他走了三个多小时山路，紧赶慢赶终于来到这个学生家里。这学生也赶上了最后一天的体检，并顺利升学。而永汉先生因此中暑，在床上躺了好几天才好。

永汉先生的人生信条，是不停地付出，从未想"得到"，但在学生的心中，他的形象，那么高大美好，怎能忘怀！

春风化雨卅余载，时光深处留屐痕。永汉先生由青春少年变成华发满头。他以极大的包容，化解苦难的酸涩；以极强的热爱，培育知识的硕果。无论村路还是校园，处处走过他并不高大甚而清瘦的身影；无论三尺讲台的一方黑板，还是深夜校园的孤寂灯光，都默默收藏了他的孜孜不倦，谆谆教诲。

2016年4月，永汉先生走完了他近80年的人生路途。儿子红文和弟妹们牢记他的叮嘱，一切从简，但带着儿孙敬意的葬礼，是那么隆重庄严。很多学生放下工作，从四面八方赶来，为敬爱的老师送行。长长的队伍是无声的碑，把他平凡又不平凡的一生，切切书写，深深镌刻！

此次我走进汤湖，走进小溪边赖红文家这栋两层半农家小别墅。小桥流水，绿树粉墙，幽雅别致。墙上的照片里，赖永汉先生默默看着大伙，目光热切而又温雅。红文先生干练热情又诚挚，用最高的客家待客之道来欢迎大伙，看着他忙碌的身影，我不由得想，这做儿子的身上，哪些品质是永汉先生言传身教的呢？

"做老师要讲良心，下要对得起学生家，上要对得起国家。"赖红文告诉我，他父亲生前常这么说。想来，这不但是永汉先生的为师之道为人之道，也是他们赖家的家风家教，一定会代代相传的。

汤湖一会，匆匆一日。汤湖赖氏，家族昌盛。而我，一支笔，数张纸，如何能写尽这厚厚历史鼎鼎人文？

好在，汤湖儿女众志成城。巍巍宗祠，永驻家园。春风桃李，如斯众矣。

◎ 赖万安

汤湖民间文艺——打船灯

　　汤湖村是个千年客家村，现属永定区合溪乡，是全乡最大的村。从古到今，汤湖建置有胜运里李田村、汤湖乡、汤湖区、汤湖保、汤湖公社、汤湖大队、汤湖村等。1937 年，虚岁 20 以上选民登记有 1841 人，当时人的平均寿命没有当今这么长，因此，估计汤湖村的常住人口就接近 2800 人了。汤湖人居范围约 1 平方千米，也是人居密度较大的一个村，为多种民俗活动、民间文艺提供了充足的人员。

　　汤湖是半山区，水丰土沃，农产品丰富，生活较平稳，农闲时许多人喜欢文艺活动，尤其在正月期间，各种文艺节目争相巡演，有汉剧、十番、舞龙、迎灯子、打船灯等。20 世纪 70 年代初期，每个生产队有宣传队，大队还有宣传大队，可以全场演出京剧《沙家浜》《智取威虎山》以及《红灯记》选段等。汤湖浓厚的文艺氛围长期享誉周边乡邻。随着社会的发展，这三四十年来，村民外出经商、务工的人越来越多，留在本村的常住人口越来越少，这些传统的文艺活动也就渐渐消失了。2012 年，村里恢复了打船灯这一民间传统文艺表演。

打船灯是以舞蹈和音乐相配合而进行表演的，演绎的是男女相爱的甜蜜、夫唱妇随的默契、丰收喜庆的祝福。打船灯起源于何时，民间说法不一，有的说是清朝顺治年间始有打船灯，也有说是清乾隆年间才有民间打船灯。打船灯流传于闽西、粤北、赣南山区客家聚集地，特别是长汀、上杭、武平等县，此种民间文艺活动经久不衰。汤湖邻近上杭，打船灯表演也是由来已久。在永定区，打船灯这项民间文艺只汤湖村仅有。

船灯的制作，旧时是用竹子和篾片制成长约 3.5 米、宽约 0.7 米的船形骨架，现在是用空心不锈钢管焊接，中间扎成一座四方立体如同船舫、内能站人扛船体的船舱架，内置一个电瓶，用于船体发亮用电。然后将船体蒙白布，画上水波浪图案，且布要遮过船底，以遮住演员的脚掌。画舫舱架，也以白布或彩纸粘贴，开前后舱门，左右开小窗。四周挂上小灯笼、小流苏、彩花、彩球、人物纸塑等。舱门、窗门两侧帖有对联，前舱门联：横批"渔家乐"，对联"船行千里送千禧；灯耀万户贺万佳"。（旧时也有写"平地无水空摆桨，喜逢盛世乐升平"）。有时，后舱门还会贴"春早人勤来报喜，节目平淡情义深"；窗门两侧的对联分别是"文静观看细欣赏，艺精到处靠师传""船到高山扬白雪，灯火照亮万家明"。表演时，按上电瓶开关，船内各色灯笼灯泡一齐发亮，船体内金碧辉煌，流光溢彩。

一个船灯队有十五六人至十八九人组成。其中"船公""船婆"各一人，伴舞、配小戏演员若干人，内台乐曲伴奏六、七人，乐器有：二胡、笛子、扬琴、六角弦、唢呐、板子、锣鼓等。演出前，演员按照客家装束，根据自己所演的角色，进行化妆，穿上艳丽的戏服。演出时，船公和船婆分别挎起藏在船舱内已安装好的彩带，扛起船灯，船公在船头，船婆在船尾。两人各持画桨摇船，有时，船婆不划桨而"打扇花"，边走、边唱、边舞。其唱词有：《九连环》《瓜子吟》《卖花线》《十月怀胎》《五更送》《渔家乐》《恋恋花》等。唱词大都固定，有时也有即兴之作，间有道白，内容诙谐逗笑。曲子是当地流传的客家小调，曲调悠扬，唱腔圆润。舞蹈动作有摇船、逆水行舟、上滩、下滩。表演时，还有舞伴两岸对唱、跳丰收舞。其间穿插演一些小戏目，如《凤阳花鼓》《采茶灯》等，以烘托气氛。整个演出时间从打船灯到演小戏大约需要两小时。船灯表演如果在晚上，更能目睹船灯漂亮的灯彩。打船灯主要在春节、元宵节及重大庆典活动时表演。

新中国建立初，汤湖的船灯队成员都是男性。作为备用，船公、船婆有两组演员，船婆均男扮女装。船公有赖茂珍、赖登高，船婆有赖佩龙、赖桂贤，轮流演出。船婆化妆俏丽，婀娜多姿，唱腔柔和，声音甜脆。在演出地，有一些人想近距离一睹船婆的"芳容"，也因此闹出了一些笑话。当晚上演出结束，"船婆"尚未卸妆，站在一旁小便，偷看的人会感到迷惑："这个女人怎么站着小便？"甚至，有时个别存歪心的人，趁着"船婆"歇场时，上去搂抱……

汤湖新的船灯队是原由合溪乡退休干部、汤湖老年协会会长赖宝荣于 2012 年组织筹建的，得到了村两委的大力支持，成员有：内台，吴有源、赖初光、赖片玉、蓝衍祥、吴先旺、赖纪春、李永香；演员均为女性，船公、船婆有三组，赖桃秀、吴银英、吴友兰演"船公"，吴秀兰、吴清秀、赖珍兰演"船婆"。还有十人演小戏和伴舞。新的船灯队在船灯制作和唱词方面做了一些创新：船灯光能源采用电瓶，使得船灯装饰更加光彩耀眼；改用一些改革开放、欣欣向荣的唱词，体现了新时代的特色。

　　汤湖船灯远近闻名，常常受邀到上杭的丰稔、蓝溪、太拔，永定的金砂、湖雷、堂堡等周边乡村演出。由于汤湖船灯制作精美、装饰华丽，演出礼节周到、演技娴熟，深得演出地观众的好评。2015 年 8 月，永定区举办了一次有各乡镇、部分区直机关参加的群众文艺汇演。汤湖船灯队代表合溪乡唯一的参演节目，也是第一次遇到五十多个各种节目的竞演，难免有些紧张，但仍获得了综合评比二等奖的荣誉。

◎ 邓文龙

从"东楼西湖"到汤湖

向往着你的向往，幸福着你的幸福。这是一幅多么美好的图景。

闽西永定县，是人文荟萃之地，更是经济文化重镇，一度是闽西人引以为豪的山区县。21 世纪以来，高速发展的永定县改为了永定区。县建制改为区建制后，永定人民豪情满怀，阔步向前。"重振雄风，再创辉煌，奋力谱写全面建设社会主义现代化国家永定篇章！"永定区立下了宏伟目标。

为了这个目标，永定区干部铆足了劲奋斗在一线，抒写了新时代前行者之歌。区文旅局四级调研员、龙湖保护与发展中心（挂职）副主任赖红文，就是其中的代表之一。

穿行在东楼西湖

"像爱护眼睛一样珍惜生态旅游资源。"2021 年秋，龙岩市政府主要领导在永定调研龙湖旅游综合开发项目建设时深情地说。要完整、准确、全面贯彻新发展理念，深入贯彻落实习近平总书记关于"做好'东有客家土楼，西有龙湖'旅游文章"的重要指示精神，按照保护优先、科学开发的原则，高起点规划、高标准建设龙

红色土地

湖旅游综合开发项目。

对永定文化旅游产业一往情深的赖红文，对于龙湖具有别样的情怀。突出生态保护，突出品牌打造，突出市场运作，打造精品工程，推动以旅促收、以旅富民，更好实现百姓富与生态美有机统一。无论是时任金砂乡乡长，还是转任旅游局，他都是这么想这么做；无论在哪一个岗位，他都倾情投入，全力以赴，干出了成绩，得到了人民群众的好评。

作为福建旅游大县，"十三五"时期永定区确定了"文旅兴区"的发展战略，形成了"一核两翼·东楼西湖"的旅游产业发展格局。"东楼西湖"，是充满诗意的生态产业发展路径，也是目标所在。东楼，指世界遗产——著名的福建永定土楼；西湖，指位于永定区西部的龙湖。东楼早已名声在外，可"西"湖却藏在深闺无人识，其知名度与位于东部的永定土楼不可同日而语。

永定区是名闻天下的客家文化聚居地，薪火相传的客家文化深刻地反映了中国文化多元发展的历史进程。镶嵌在乡间镇里的世界建筑奇观——永定土楼是中华民族传统文化的结晶，吸引了大批海内外专家、学者慕名而来，世界各地游客络绎不绝。

"西"湖位于闽、粤交界处，在福建省体育产业特色基地暨特色体育小镇——永定区峰市镇境内，距永定土楼景区 30 余千米的龙岩棉花滩水电站库区水域，总区域面积 166 平方千米，其中湖域面积 65 平方千米，被称为北回归线上沙漠绿洲里的"一块翡翠"。从空中看，似一条腾飞巨龙穿梭于崇山峻岭间的汀江，被高耸的大坝拦截，蓄就万顷碧波。腾空飞舞的巨龙驻足于此，创造了美丽风景，诞生了清洁能源，造福普天百姓。"龙湖"诞生，名震四方。

龙湖，作为福建省最大内陆人工湖泊、国家级水利风景区，更像是西施眼中的珍珠，静谧安详，波澜不兴。2001 年 9 月 24 日，福建省政府正式批复其为省级旅游经济开发区，是海西新兴的旅游休闲度假胜地。赖红文为"东楼西湖"的健康发展和品牌打造写下了许多值得记忆的篇章。

永定县决定将土楼景区申报为国家 4A 级旅游景区时，赖红文刚从乡镇调回旅游局任副局长，他接到任务后二话不说，立即投入了申报工作。通过努力，永定土楼很快就获得了 4A 级景区名号。土楼申遗成功后，县里决定继续申报国家 5A 级旅游景区，并成立专门的申报办公室，仍然让赖红文担任主任。他接到任务后，带着一班人勤勤恳恳、废寝忘食，终于用一年多时间把这个近乎不可能完成的任务完成，使永定土楼跻身为全国百强景区。他在申报过程中提出的建议和意见绝大多数都获得采纳，尤为称道的是，他的一个设想还引起了时任中国国民党主席、祖籍永定的吴伯雄先生的关注。

随着 2008 年福建土楼成功申报世界文化遗产，2011 年 8 月福建土楼永定景区荣膺国家 5A 级旅游景区，永定土楼旅游不断升温，龙湖也迎来了发展机遇。

作为龙湖景区开发项目负责人，赖红文始终认为龙湖是"绿色、生态、健康"旅游的理想之地，发展水上运动、休闲度假和商务会议的极好场所。为了提升龙湖景区档次，2011 年时，他促成刚成立的福建土楼龙湖旅游发展有限公司（下简称龙湖公司），引进了新型游艇航行在龙湖景区里。

"开游艇不一定要在海边。"要让龙湖吸引人，硬件设施不能停留在"农家乐"的层面上，服务水平要跟上新时尚，"买游艇为

的就是提升景区的档次。""龙湖水资源丰富，森林植被覆盖率高
达93%，且在龙湖西北岸雄踞着国家森林公园王寿山，这些都是我
们的卖点。"赖红文说。建设龙湖生态休闲旅游区和王寿山国家森
林公园两大板块，要遵循一体化发展模式，形成以山为体、以水为
魄、以生态为魂，将水景空间、山景空间、林景空间与休憩空间、
视觉空间完美融合，为永定土楼旅游及客家文化旅游游客提供高端
休闲度假服务，成为永定旅游发展大格局的重要支撑。

　　龙湖旅游综合开发历来是永定旅游的重头戏。2011年，福建
省改革和发展委员会网站公布的23个省级重点招商项目（服务业）
中，永定龙湖生态休闲度假旅游区项目排在第12位。经过各级各
界全力推进，永定龙湖旅游项目工作取得卓越成绩，龙湖体育休闲
康养城建设项目、龙湖航天军事红色文化小镇等项目，分别得以落
实推进。

　　当时龙湖旅游不够热，因是其身处闽粤两省、永定上杭两接结
合部，位置偏僻，交通落后。在永定区委区政府的高度重视下，在
他和旅游业界坚持不懈的推动下，龙湖成功申报为国家级水利风景
区。今天，龙湖码头有了档次；龙湖游艇，在龙湖飞驰，演绎着令
人心动的水上运动曲；2020年春节前落成竣工的跨湖大桥，成为龙
湖最靓丽的风景线。

　　为了永定旅游产业的健康发展，赖红文提出了许多紧贴实际、
紧跟潮流的观点。

　　一是与周边著名景点加强旅游联合营销。早在2010年时，他
就带领考察组前往广东雁南飞景区考察，进行了与永定土楼联合营
销的实践。雁南飞与永定土楼，两个景区客家文化背景一脉相通，

有较强的互补性，景区之间相隔较近、交通条件便利。雁南飞是当时国家 5A 级旅游景区的候选景区之一，是现代的新土楼；永定土楼是世界历史文化遗产，旅游资源的市场吸引力强。相互间加强旅游联合营销，可以形成一条特色旅游线路。

二是把永定建设为旅居养老产业示范区。永定有良好的自然环境以及宜人的气候、清新的空气、良好的人文。随着人口老龄化速度的加快，永定旅游可以发展"候鸟式养老"或旅居养老产业。经过持续深化，宜居宜旅的永定区成为"南飞过冬"好去处。据统计，2017 年春节期间，前来永定旅游的总游客人数为 39.93 万人，北方游客占总游客人数 8%—9%。

三是开展"互联网＋旅游"活动。为了抢抓互联网高地，2015 年赖红文推出了"腾讯 E 起摇土楼"活动，充分利用互联网思维，把握互联网营销才能赢得市场。

四是扎实做好旅游产业招商引资工作。他摸清旅游产业发展方向，结合实际，狠下功夫，扎实做好招商引资工作，大力引进成长性好、财税贡献大、符合产业需求的项目，完成许多签约合同项目。

赖红文还提出建立闽粤两省跨行政区域大龙湖旅游经济圈的设想：充分利用龙湖地处省际、紧邻大湾区的区位优势，加强闽粤合作，争取优惠政策共同打造大龙湖旅游区。他执着、坚毅地前行，永定旅游驶上了快车道，呈现出欣欣向荣的局面。

党的十八大以来，永定区以"体育＋文化＋旅游"的模式，进行全链条服务，做好体育文化产品，推进全域旅游发展，实现资源配置共享，得到了社会各界的赞誉和认可。

2018 年 12 月 11 日，在中国体育文化博览会、中国体育旅游博览会上，龙岩市永定区土楼景区脱颖而出，荣获 2018 中国体育旅游博览会"体育旅游精品景区"称号，是福建省参加"2018 中国体育旅游博览会"唯一获得此奖的项目！在"中国体育旅游精品项目"评选中，龙岩市永定区土楼景区（体育精品景区）获评"中国体育旅游十佳项目"称号。这是永定区再次荣获"体育旅游十佳精品景区"称号。

面对未来，他认为，要进一步积极利用好得天独厚的世界遗产——福建永定土楼，做足生态秀美的"水文章"——龙湖，大力推进"文旅兴区"战略，举办更多具有浓郁土楼特色的精彩活动，打好"体旅融合"加法牌，吸引更多的朋友来到永定、走进土楼、畅游龙湖。

将汤湖村建设为中国乡村振兴典范

赖红文是个极具情怀的人，对永定旅游产业的发展他激情四射、无怨无悔、全力以赴，对于家乡事业的发展他同样热情、执着、痴迷。

2017 年，在全国扶贫攻坚最艰苦的时期，他主动报名到故乡最贫穷的一个村担任驻村扶贫书记，并兼任投资 50 亿元的鼍龙鱼落户汤湖村的政府联络员。在当前巩固脱贫攻坚与乡村振兴有效衔接的重要阶段，他将发展文旅产业的目光放在了乡村振兴、中国传统文化传承上。他选择了老家、贫困乡合溪乡汤湖村，一个充满革命传奇、保留了中国传统文化脉搏、具有纯正客家文化精髓的山村。

汤湖村距合溪乡政府驻地有 12500 米，海拔较低，地势平坦，人口、耕地、粮食均拔合溪乡头筹，是全乡第一村，拥有众多名扬闽西乃至全国的特有资源，如水温达 63 摄氏度的天然温泉、成色最好的辉绿岩石材。作为著名的革命老区，中央苏区第一个团支部诞生在这里，这里是中共第九届中央委员会委员、新中国首任建材工业部部长赖际发的故乡。此地人文荟萃，是永定设县后第一个进士赖先的祖地，永定师范学堂曾经的所在地；两岸人文资源丰富，陈立夫的秘书赖维周出生于此，现今沿用的"赖氏家庙"牌匾，则是陈立夫 1943 年为汤湖旧家庙留下的墨迹。

汤湖村民风淳朴、热情好客、美食诱人、族群和睦，有口皆碑，是永定区"十大美丽乡村"之一。全村 3000 多人口中，只有赖、吴两姓，各占约 80% 和 20%。数百年来，从未因姓氏发生过争执，每次其中一个姓氏宗亲搞大型的聚会，另姓宗亲就会送上祝福、赠上礼金。

世界赖氏族群达 300 万之众，其中近一半源自汤湖。作为松阳郡赖氏后裔的发祥地，汤湖村曾被赖氏宗亲联谊总会、古赖国文化研究院认定为世界赖氏重要发祥地。据悉，每年来汤湖寻根谒祖、祭拜祖宗的赖氏族人早已超过 2 万人。

留住乡愁和敬祖的孝真是乡村文化振兴的关键，生于斯长于斯的他，倡议宗亲出钱设立一座一世祖朝美公雕塑。应者云集，不出几个月，形象高大上的始祖石雕像，连同石栏基座屹立在赖氏家庙的正前方。此后，他建设文化广场，树立"归来"巨石，配合村二委建起"汤湖——中央苏区第一个共青团支部诞生地"的团旗石雕。

为更好地打造寻根祭祖平台，合法规范运作宗亲事业，2018年，赖红文根据汤湖村的人文、历史资源，经过深入的研讨认证，策划了"汤湖赖文化综合开发项目"。项目由永定区委宣传部和原文体广电新局（现文旅局）共同引进，作为永定区政府文化产业招商引资项目（交10万元项目履约保证金），并在福建省发改委立项备案。汤湖赖文化综合开发项目，分为五期建设工程实施。主要项目有汤湖赖祖陵园、赖氏家庙重建、赖文化大楼（赖文化论坛会址）、赖氏家训碑、赖际发纪念馆、戏台、雕塑群、文化广场及绿化美化工程等。

"汤湖赖文化综合开发项目"发布后，在各省市区、港澳台地区乃至海外赖氏族群中引起共鸣和热烈响应，他们纷纷慷慨解囊，支持项目开发，打造乡村振兴和姓氏文化品牌。

2018年8月18日，赖祖陵园奠基仪式隆重举行。当天，赖氏叔颖文化传播有限公司揭牌、赖文化投资项目开工仪式、世界赖氏总会福建分会换届选举筹备大会、赖文化论坛同时举办，好戏连台。

陵园建设投资规模宏大、设计规划技术含量高，赖红文使出浑身解数，既当设计师，又南下北上，到处募集资金。2019年3月2日，正月廿六祭祖大典上陵园揭幕。陵园里竖起了一座气势恢宏的石雕牌楼、一座石质念祖亭和龟背石、牌记及环茔石台阶步道。当天，来自全国各地的4000多名宗亲见证了这一时刻。

2019年7月29日，来自全国各地的800多名赖氏裔孙，聚集汤湖。共同见证古赖国文化研究院树立的"汤湖——世界赖氏重要发祥地"标志碑揭幕；赖文化第三期项目重点——赖氏家庙重建奠基典礼。

赖红文深知两岸文化交流的重要性。早在2008年8月，时任中国国民党主席的吴伯雄参观永定高北土楼群，时任国民党中央秘书长的吴敦义陪同前往。时任永定县旅游局副局长的赖红文负责接待了吴敦义。2017年，吴敦义就任中国国民党主席。

2019年8月，赖红文委托台湾赖氏宗亲找到国民党中央组织发展委员会副主任委员林政丰，拜托他请吴敦义为汤湖赖文化项目题词，吴敦义了解了汤湖赖文化项目情况后，欣然题词"弘扬汤湖赖氏文化"。

2019年11月25日，国民党中央组织发展委员会副主任委员林政丰专程到厦门把吴敦义的题词交给赖红文。经请示龙岩市台港澳办公室后，赖红文把吴敦义先生的题词刻在石头上，放在汤湖赖氏家庙旁边供人参观和对外宣传。

"宗祠记录着家族的辉煌与传统，是家族的圣殿；也是裔孙怀念先祖、祭祀祖先的场所，具有团结联络裔孙、增强宗族认同感和向心力与凝聚力、传承家规家训、弘扬祖德的作用，具有无与伦比的影响力和历史价值。"

慎终追远、不忘初心。赖红文深知宗祠文化是我国优秀传统文化的重要组成部分。一座家庙，一片精神家园。为了筹措资金重建好赖氏家庙，他和重建汤湖赖氏家庙理事会的宗亲们，风尘仆仆，不辞辛劳，在全国各地积极开展宗亲联谊活动，跑了全国十几万千米，走遍了他们认为能够募集到钱的每一个角落，被宗亲们称为一群"跑不死的牛"。在汤湖赖文化项目的规划和建设中，赖红文被公推为汤湖赖氏家庙重建理事会执行理事长及总策划，更在其中充当了"校长兼教工，教书兼敲钟"的角色。他带着团队跑了17个省，行程超过20万千米，足迹踏过100多个赖氏居住区。在他和理事会一众宗亲的努力下，5000多人（含宗亲会及外姓热心人士）

为汤湖赖文化项目捐资 2000 万元。

汤湖新赖氏家庙（主体建筑面积 1200 平方米）及其附属工程赖族陵园、赖文化广场、雕塑等，占地面积近 4000 平方米，已投资近 2000 万元（其中家庙建筑就达 1750 万元）。所有建设资金主要由赖氏宗亲民间集资。

新赖氏家庙按照我国传统的宗祠建筑，夯实地基，铺垫条石，采用斗拱榫卯结构进行建设，美观大方，风格独特。用料和工艺都非常讲究。正门口的两根石雕龙柱，直径近 1 米，高 4.6 米，如擎天柱般令人生威，据说是目前福建直径最大的石雕龙柱之一。殿内十根长 13 米以上、直径 60 厘米的进口菠萝格木柱，顶天立地。整座建筑雄伟气派、流光溢彩，是目前闽西地区最壮观的家庙建筑，也是赖氏南方第一气派的家庙。

欢庆的锣鼓敲起来，吉祥的欢歌唱起来，喜庆的舞跳起来，祥狮舞动起来。2020 年 11 月 19 日晚，赖氏宗亲总会的领导和来自世界各地的赖氏宗亲代表共 1000 多人，欢聚在永定区天子温泉酒店，为即将举行的汤湖赖文化三期建设项目汤湖赖氏家庙重修晋主入火仪式举行了载入史册的盛宴。

2020 年 11 月 20 日，赖氏家庙重修晋主入火仪式在汤湖村隆重举行。载歌载舞、锣鼓喧天、鞭炮齐鸣，上千只五颜六色的气球在空中摇曳成美丽的天际线，8000 多位赖氏宗亲和周边四邻八乡的群众闻讯来到了汤湖村。一时间，小小的山村成了欢乐的海洋。随着几声礼炮响起，入火仪式正式拉开帷幕。来自世界各地的宗亲代表在爱国爱乡的颂文中推开了金碧辉煌的赖氏家庙大门。

将家乡打造成乡村振兴的示范村，终于有了立体的展示，有了诗意的呈现。

一祠繁衍百万儿郎。新赖氏家庙建在原址汤湖村上坝，三面环水，背靠袍山三金崇，观音坐莲形，是块风水宝地；三堂同祠，新家庙悬挂"颍川堂""松阳堂""西川堂"三个堂号，同时悬挂"翰林""进士""将军""尚书"等功名匾；赖族和汤湖赖氏发展节点展示突出；题词题字文化突出，有由陈立夫题写的"赖氏家庙"，开国元帅徐向前为赖际发墓碑题词"赖际发同志的革命精神永存"，总会竖立"汤湖—世界赖氏重要发祥地"标志碑，吴敦义在任时题词"弘扬汤湖赖氏文化"石刻，由国务院国礼书法大师于长海大师题写的"朝美公陵园"书法等很难复制的文化珍品史迹。

赖红文在重修晋主入火仪式上做《汤湖赖氏家庙重建工作汇报》时指出，赖氏家庙建设历史可追溯到明初，汤湖并军合户，合族欢庆，空前团结，为感念祖恩，于是在汤湖风水宝地上坝建设宗祠，合议祭祀赖氏太始祖叔颍公，称为"颍公祠"。建祠以来经过了多次重修，最近的一次是1943年，陈立夫的私人秘书赖维周等先贤倡议，发动闽粤赣众宗亲捐资在颍公祠原址重建。竣工后陈立夫亲笔题写"赖氏家庙"。赖氏家庙名称一直沿用至今。

汤湖赖氏家庙影响深远、香火绵绵，成为众多赖氏族裔的重要精神家园。2011年赖氏宗亲联谊总会授予汤湖赖氏家庙"赖氏百家名祠"牌匾。2014年中国姓氏文化研究会、海峡姓氏文化研究院授予汤湖赖氏家庙首届"中国望族名祠"牌匾。汤湖新赖氏家庙的重建落成，意义非凡、深远。

文化底蕴深厚的汤湖新赖氏家庙巍峨肃立，付出的辛劳终于有了沉甸甸的结晶。赖红文引领着远方的客人参观，脸上露着欣慰的笑容。他说："受新冠肺炎疫情影响施工进度，目前配套项目赖文化楼还没有动工，广场也还未完善、捐款功德石雕也还没有做好。项目资金还缺口 600 多万元，我们会继续努力。"

"你若盛开，蝴蝶自来"。汤湖人天生有一种不甘落后、艰苦创业的闯劲和拼劲。"粮多、桥多、学校多"是当年汤湖村的典型写照。党的十八大以来，汤湖村则像一株报春的桃花，透出醉人的暖意与花香，涌现出"房多、车多、路多"的风景线。汤湖人踏着时代节拍，闯荡 IT 业，在深圳华强、赛格以及北京中关村、上海电脑城等全国数十个大中城市的 IT 商海遨游。一夜之间，来自汤湖村的数百家庭，在全国大中城市凭借手中一根小小的网线做成了几十亿元的新兴产业生意，成为全国乡村的一个奇迹。他们回归故里，建起了设计新潮、装修考究的高档别墅。据统计，汤湖村共建起大小新房有 600 多栋，几乎每户就有一栋。建房热带动了修路热，汤湖村已形成二个闭环的交通网络，一条 2 车道的"通衢大道"连接了高速公路，与世界相通。生活水平的提高，带动了全村男女老叟的文艺热潮。目前村里常年活动着三支腰鼓队，每年的新春佳节，篮球、乒乓球、拔河、腰鼓、船灯比赛或表演，你方唱罢我登场，热热闹闹庆丰年。

"全力以赴把永定建设成为龙岩高品质新城拓展区、高素质产业崛起区、高颜值全域旅游区，打造闽粤赣边先进制造业基地和生态型现代化旅游宜居城市。"这是永定区"十四五"期间的奋斗目标。

永定在打造高素质产业崛起区、高颜值全域旅游区的路上，还有很长的路要走。汤湖村，一村两姓百年安详。近几年来，摘取了"永定首届十大美丽乡村""全国旅游扶贫示范村""福建省第一个炎黄文化传习基地"等桂冠。汤湖新赖氏家庙的落成，为永定"文旅兴区"战略的实施作了生动的诠释。

赖红文站在村文化广场中央，心潮澎湃。中国城市居民几乎都来自农村，家庙是他们心中永久的精神家园。他自信地说："汤湖赖文化综合开发项目，作为永定文旅产业的组成部分，要力争在家庙入火晋主三周年庆典活动前完成全部工程。届时，大家再聚汤湖，共庆赖氏家族兴旺发达、瓜瓞绵延。"

◎赖仲文

西华山，岁月深处歌未央

鸡鸣二县、泉涌一坡；庵筑秘境、枫林聚幽。

西华山，像是一簇新旧夹杂的水墨画，在闽西永定区合溪乡汤湖村与上杭县交界一侧铺陈开去。

荒芜的石路伴着荆棘与芦苇，像一条缺了几颗牙齿的拉链，斜摊在山的一侧。白云飘飞，阳光惬意，路上的每一块石头既亲切又陌生，看清的是淡淡的足印，读不懂的是光阴的故事。

这里有坐爱枫林晚的仙踪秘境，有闽西共青团的初跫音，还有切合人意的爱情美谈。任时光在记忆与梦境中变幻，任季节荼蘼开谢冬梅凌霜，西华山依然半新半旧、半仙半俗。

血雨腥风的年代，难有杜时牧行山的浪漫。时光拉回到1926年的某一天，西华山月黑风高，木鱼声泣，昏暗的油灯下，几个铁血青年高举右拳，向着东方低声宣誓：我们是共产党领导的队伍，我们在这里庄严宣告：闽西第一个农村团支部正式成立！破败的西华庵缄默不语、窗外的枫树林缄默不语，只有神龛前的青烟袅袅升腾。几许青烟绕山水，几度时光换新天。若干年后，中央苏区团支部像西华庵前的山花，一夜春风漫山遍野。于是，这里成了闽西农村团员青年出发之地，当年带头宣誓并任团支部书记的热血青年赖际发，带着八闽农村团支部的第一声号角走向了抗日烽火的最前线，成为新中国创立的功臣。

当年的金戈铁马早已烟消云散，而今的西华山已成山清水秀的传情之地。民间祈求儿孙满堂、代代兴旺的百年美谈，化作后人对西华山天地造化的深情守望；山顶森木蓊郁，山腰红枫点染。以物寄情是人的天性。无巧不成书的是，生活在"风情山水"里的村民，果然开窍有术，仅当地赖氏始祖繁衍开来的子孙就以百万计……

大地多传奇，人类善写意。西华山的仙俗之辨已然久远，隐于清幽深处的西华庵却成为一方胜迹。一簇参天红枫，遮天蔽日，有如凤盖芩丽。古老的树干与嫩绿的寄生蕨相拥相生，正合岁月的久远与簇新。微风中飘来阵阵幽香，这香味夹杂着枫林的暗香和庵内的烟香，好生引人以入空门。庵前的小路已被厚厚的枫叶覆盖，松软的枫叶在阳光下琳琅耀目，犹如万千片琥珀辉映山谷。"环列从容蹀躞归，光风骀荡发红薇"，踩在其上，真有几分唐代权德舆的兴致与诗情。

庵堂不大，呈一字排开，门前的对联虽不对仗却有高扬的气度与胸襟：西岳朝阳佛界庄严新气象，华山毓秀万民共沐四时新。进得庵内，菩萨庄严、神龛肃穆，空气中弥漫着敬畏与空灵。都说山不在高有仙则名，这小小的庵堂寄托着多少善男信女的痴情梦想，又有多少香客莫名灵验，不远遥途，前来膜拜。

庵堂的一侧，一汪清泉破石而出，掬一捧放在嘴里，清冽甘甜、沁人心脾。水是有灵性的，要不百年红枫为何生机勃勃？蓦尔小庵怎么让爱情神话流传千古？当年的草鞋青年怎么从这里走向了抗日疆场！

山不醉人人自醉。我自山间走过，回首间，那片红枫在蔚蓝的天空下，摇曳起舞，枫叶在微风的吹拂下正发出悦耳的音符，仿佛在唱响亘古的歌谣。遥望远方的家乡，人影憧憧、炊烟袅袅；一幢幢崭新、别致的小别墅把小小的山村装点得色彩斑斓。脚下是仙风道场，眼里是岁月风情，一种时空的穿越感油然而生。是的，步履沉沉、笙歌未央。这里的一切，似乎都在提醒匆匆过客：岁月，才是这里的主人。

图书在版编目(CIP)数据

汤湖之歌 /福建省炎黄文化研究会,福建省作家协会,龙岩市永定区汤湖叔颖文化传播有限公司编.－福州:海峡文艺出版社,2024.8
ISBN 978-7-5550-3693-7

Ⅰ.①汤…　Ⅱ.①福…②福…③龙…　Ⅲ.①散文集－中国－当代　Ⅳ.①I267

中国国家版本馆 CIP 数据核字(2024)第 109003 号

汤湖之歌

福 建 省 炎 黄 文 化 研 究 会
福 建 省 作 家 协 会　编
龙岩市永定区汤湖叔颖文化传播有限公司

出 版 人　林　滨

责任编辑　何　莉

出版发行　海峡文艺出版社

经　　销　福建新华发行(集团)有限责任公司

社　　址　福州市东水路 76 号 14 层

发 行 部　0591－87536797

印　　刷　福建东南彩色印刷有限公司

厂　　址　福州市金山浦上工业区冠浦路 144 号

开　　本　720 毫米×1010 毫米　1/16

字　　数　230 千字

印　　张　15.75　　　　　　　　　插页　8

版　　次　2024 年 8 月第 1 版

印　　次　2024 年 8 月第 1 次印刷

书　　号　ISBN 978-7-5550-3693-7

定　　价　56.00 元

如发现印装质量问题,请寄承印厂调换